Maquiavelo

Alessandro Campi

Las máscaras de Maquiavelo
Quinientos años de imágenes y retratos

sequitur

sequitur [sic: *sékwitur*]:
Tercera persona del presente indicativo del verbo latino *sequor*:
procede, prosigue, resulta, sigue.
Inferencia que se deduce de las premisas:
secuencia conforme, movimiento acorde, dinámica en cauce.

Traducción de Hernán Calomino

© Ediciones sequitur, Madrid 2025
www.sequitur.es

ISBN: 978-84-128025-9-7
D. L.: M-3899-2025

Índice

INTRODUCCIÓN

¿Cuántos Maquiavelos han existido en la historia, cuántos circulan aún hoy, cuántos conocemos, cuántas caras o matices del tantas veces invocado como personaje? Existe el Maquiavelo histórico y real, aquel narrado en cientos de biografías y apuntes: el canciller de la *Signoria*; el estratega y teórico militar; el experto negociador diplomático; el republicano por convicción y medíceo por necesidad; el desterrado en el Albergaccio[1] después de su expulsión de Florencia en febrero de 1513; el estudioso de la historia romana; el analista de política exterior; el conversador amable y cáustico; el buen padre de familia.

Existe un Maquiavelo estereotipado y convencional, cuyo nombre ha arraigado en la cultura popular y en el imaginario colectivo en virtud, muchas veces, de prejuicios y malentendidos: ese italiano astuto y siempre presto a la traición; el orientador y consejero de los tiranos; el apologista de la fuerza y la violencia; el custodio de los secretos inconfesables del poder; el protagonista de conspiraciones y tramas; el amigo de las bromas en grupo, de la buena vida y de la trasgresión amorosa.

Existe el Maquiavelo citado habitualmente en los manuales de historia política, filosofía y literatura italiana: el autor de *El Príncipe*, de los *Discursos* y de la *Historia de Florencia*, obras maestras de la cultura europea; el creador de relatos satíricos (*Belfagor*), comedias picantes (*La Mandrágora*) y de

---

1. Albergaccio es el nombre de la residencia de campo de Maquiavelo donde el autor de *El Príncipe* se confinó tras la caída del gobierno de Pier Soderini, de quien había sido el más estrecho colaborador y *consigliere*. La residencia se encuentra en Sant'Andrea in Percussina, en el municipio de San Casciano in Val di Pesa, a unos veinte kilómetros de la ciudad de Florencia.

refinadas composiciones poéticas; el joven transcriptor de Lucrecio; el redactor de una valiosa correspondencia privada y de perspicaces informes diplomáticos.

Existe el Maquiavelo con el que generaciones enteras de pensadores y filósofos han lidiado, ofreciendo interpretaciones de lo más dispares, cuando no opuestas: el fundador de la autonomía de la política; el libertino precursor de la Ilustración; el crítico del cristianismo precursor de Nietzsche; el adalid de la democracia republicana; el revolucionario enemigo de las oligarquías y partidario de las revueltas populares; el patriota profeta *ante litteram* de la unidad política de Italia; el materialista y empírico que anuncia la ciencia moderna; el que subvierte la tradición filosófica clásica; el precursor del pensamiento laico y de la visión secularizada de la historia.

Existe el Maquiavelo de los aforismos y las máximas, el de las frases y expresiones elevadas a proverbio, aunque no conste que las hubiera pronunciado: "la verdad efectiva de la cosa"; "no se gobierna el Estado con padrenuestros"; "mejor ser temidos que respetados"; "el fin justifica los medios"; "los hombres olvidan más fácilmente la muerte de los padres que la pérdida del patrimonio"; "todos te valoran por lo que aparentas, pocos por lo que eres"; "difícilmente virtud y riqueza se dan en la misma persona".

Y también está, por último, el Maquiavelo de las *imágenes*, el asunto que este libro aborda. Es decir, de sus representaciones pictóricas, de sus retratos, que plantean de inmediato una pregunta: ¿hasta qué punto estas representaciones, muy diferentes entre sí, pueden considerarse fieles y fiables dado que todas se realizaron *después* de su muerte? ¿Cuál es su retrato, si existe, más veraz, el que corresponde a su aspecto físico real?

Es definitiva, ¿cómo era el Maquiavelo hombre, el de carne y hueso, coetáneo de sus coetáneos? ¿Era calvo o de melena revuelta? ¿Delgado y enjuto o rechoncho y rubicundo? ¿Tenía barba? ¿Llevaba el pelo largo hasta los hombros? ¿Tenía los ojos pequeños o grandes, los labios delgados o carnosos, la frente ancha y espaciosa o estrecha y cubierta de pelo? ¿Tenía la nariz aguileña o normal? ¿Era alto o bajo? Meros detalles, cabría decir, tan sólo aspectos menores, si no fuera porque la obra y la persona suelen ser una misma cosa, siendo una el reflejo o prolongación de la otra.

La bibliografía crítica dedicada al autor de *El Príncipe* es notoriamente ingente. Pero el estudio de la iconografía maquiaveliana –es decir, la forma en que ha sido representado y retratado a lo largo de los siglos– nunca ha recibido mayor atención por parte de los estudiosos. Se trata de un objeto de investigación, relativamente nuevo a nivel internacional, al cual vengo dedicándome de modo sistemático en estos últimos años como correlato de una pasión coleccionista que ha acabado confundiéndose con mi dedicación al estudio de la maquiavelística contemporánea. Esta última, mientras tanto, se ha convertido en una especialización académica en sí misma, que ha tenido el mérito de ofrecer una reconstrucción histórico-crítica finalmente rigurosa de las obras del Florentino, pero a la que quizás hay que achacar una lectura de su *corpus* político-literario en exceso propensa al filologismo, al análisis lingüístico-textual, a un exceso de contextualización histórico-erudita al punto de convertir en sospechosa cualquier interpretación de su pensamiento que pretenda seguir una clave –de por sí tenida por negativa– demasiado filosófica, demasiado politológica, arbitrariamente sistemática, excesivamente presentista o forzadamente política. Cuestión, ésta, que merecería ser analizada más a fondo, a saber, cómo leer –y usar– hoy en día a Maquiavelo sin restar relevancia a unas posiciones y unos contenidos a menudo subversivos.

Pero volvamos al tema de la iconografía maquiaveliana. El no haberle prestado mayor atención, salvo por las investigaciones extemporáneas y faltas de sistematicidad de algunos de sus biógrafos más destacados (Pasquale Villari, Oreste Tommasini, Roberto Ridolfi, que a su manera intuyeron la relevancia del tema), ha supuesto, a mi parecer, una grave infravaloración. Por dos razones.

La primera se refiere a la posibilidad de que los retratos históricos de Maquiavelo –a partir del más conocido conservado actualmente en el Palacio Vecchio de Florencia y atribuido al artista Santi di Tito– sean, por así decirlo, representaciones *maquiavélicas* de Maquiavelo, realizadas cuando sobre su nombre y obra ya había caído la furia censora del Santo Oficio y de la cultura de la Contrarreforma en general. Lo que implicaría que existió, junto al antimaquiavelismo literario, político y filosófico, también un

antimaquiavelismo iconográfico, tan poderoso y expresivo como el primero. Hoy en día, nadie considera las obras de Maquiavelo demoníacas y blasfemas, merecedoras del Índice y del fuego. Esto no quita que se lo conside-
re aún hoy –basta observar algún antiguo retrato suyo– un personaje
inquietante y enigmático, peligroso y esquivo. La imagen, *strictu sensu*, de
un Maquiavelo sulfúrico ha demostrado ser más poderosa que cualquier
interpretación crítica basada en los textos. Hoy en día, no es su obra escrita
lo que nos inquieta, sino su imagen tal como nos la ha legado una tradición
iconográfica que probablemente le fue hostil y que ha terminado por repre-
sentarlo casi siempre con rasgos forzados, cuando no caricaturescos: sonrisa cínica y burlona, mirada maliciosa y esquiva, cabello desaliñado, expresión de esfinge, cabeza pequeña y orejas puntiagudas que la fisonomía clásica siempre ha asociado con la astucia animal (la del gato, el zorro, el
mono). Se ha afirmado así un *cliché* maquiaveliano (o, mejor dicho, *antimaquiaveliano*) que aún persiste con fuerza, construido a lo largo de la historia mediante representaciones visuales que, aun teniendo poco o nada que
ver con el personaje histórico, han incidido, a menudo de manera negativa,
en su recepción e interpretación por parte de lectores y críticos.

Hay una segunda razón. La imagen de Maquiavelo, especialmente durante el siglo XX, se ha difundido y se ha hecho cada vez más popular, gracias
al uso intensivo de diversas formas de expresión. Ya no sólo pinturas y grabados, sino también fotomontajes, carteles, sellos, monedas, viñetas,
cómics, portadas de libros, películas y documentales, cerámicas, postales,
medallas, caricaturas, personajes de videojuegos y todo tipo de *gadgets*. Se
infiere entonces que toda la retratística maquiaveliana –desde las tablas de
la segunda mitad del siglo XVI o principios del siglo XVII hasta los cómics
más recientes, desde los grabados reproducidos en las portadas de sus obras
hasta las caricaturas o retratos imaginarios que del Florentino circulan por
Internet– debe considerarse, a todos los efectos, parte integrante (y en absoluto secundaria) de la suerte y difusión de su obra y figura a lo largo de los
siglos.

Para comprender la fama de Maquiavelo no se puede, en definitiva, pres-
cindir del estudio de las imágenes que, en las formas más variadas y recu-

rriendo a toda clase de técnica creativa, lo han descrito y mostrado, aunque a menudo de manera afectada, forzada y tajante.

Un trabajo enteramente dedicado a la iconografía maquiaveliana podría ser tenido por un *divertimento* erudito y, lo que es peor, irrelevante desde el punto de vista crítico. ¿Qué más da si los rasgos físicos reales de Maquiavelo difieren de aquellos (muy dispares entre sí) que nos han llegado a través de cuadros, grabados y dibujos? ¿En qué medida la falsedad o escasa fiabilidad de las imágenes que lo representan pueden condicionar la interpretación y el conocimiento de su pensamiento?

En realidad, *ver* a Maquiavelo es como *leer* a Maquiavelo. Pasados casi cinco siglos desde su muerte (1527-2027), considerando la extraordinaria difusión que sus escritos (comenzando por *El Príncipe*) han tenido a nivel mundial, ahora casi nos resulta imposible separar las ideas del personaje, el contenido de la obra de las formas o semblantes que se le han atribuido al Florentino a lo largo de la historia. Representaciones variadas, como hemos adelantado y como mostraremos en las páginas que siguen, pero todas reconducibles a un mismo *cliché* visual en muchos aspectos inquietante y siniestro, una mezcla de malicia, perfidia y frialdad. Tal y como correspondería al rostro y la mirada de quien, más que cualquier otro pensador y filósofo a lo largo de los siglos, ha logrado adentrarse en la psicología de los hombres de gobierno y en los secretos del poder. A los primeros les ha sugerido la virtud y la prudencia, sabiendo que suelen ser fácil presa del vicio y el exceso. Del segundo ha mostrado cómo, incluso cuando se ejerce de manera legítima y en nombre de nobles principios, tiende a asumir un carácter arbitrario y prevaricador. Si la política tiene una raíz demoníaca y perversa, que impulsa a hacer el mal incluso cuando se persigue el bien, ¿cómo podría aquel que ha revelado esta terrible verdad al mundo no adoptar a su vez rasgos sulfurosos y malignos?

Las imágenes conocidas de Maquiavelo son todas probablemente falsas y artificiales. Las impresiones que estas imágenes instintivamente nos transmiten resultan, por el contrario, tremendamente verdaderas y reales.

Perugia, 5 de febrero de 2025

QUINIENTOS AÑOS DE ICONOGRAFÍA MAQUIAVELIANA:
UN PROGRAMA DE TRABAJO (Y ALGUNAS NOTAS POLÉMICAS)

Un Maquiavelo muy maquiavélico

En las biografías de Maquiavelo, y en las reconstrucciones de su vida, se subraya siempre, con pesar y consiguiente resignación, el escaso conocimiento que tenemos de sus años de juventud, de los episodios y de las experiencias –las relativas, por ejemplo, a su formación intelectual y a sus lecturas– que los caracterizaron. El período comprendido entre su nacimiento (mayo de 1469) y su nombramiento como responsable de la segunda Cancillería de Florencia (junio de 1498), representa, en efecto, un vacío historiográfico. Se trata de poco menos de treinta años –casi la mitad de su vida, ya que morirá antes de cumplir los sesenta años, en 1527– sobre los cuales apenas contamos, aún hoy en día, con pocos documentos de archivo –en la espera de algún afortunado descubrimiento–, alguna carta familiar y el escueto, aunque precioso, testimonio de su padre Bernardo (este último disponible para los estudiosos sólo a partir de mediados del siglo pasado).[1]

Pero existe otro aspecto que los biógrafos, en este caso sin reconocerlo abiertamente o sin plantearse explícitamente el problema, no han podido aclarar de manera definitiva. Y es el relativo al aspecto físico de Maquiavelo, a su apariencia real. ¿Cómo era su rostro, cuáles eran sus rasgos y su complexión física? La pregunta, formulada abrupta y burdamente, puede parecer improcedente o superflua: ¿quién no ha visto al menos una vez el retrato canónico y más difundido, por así decir, oficial y definitivo, del autor de *El príncipe*, el atribuido a Santi di Tito, hoy conservado en el Palacio Vecchio

---

1. Machiavelli, B. (2017) *Libro dei ricordi* (editado por Olschki, C.). Roma. Storia e Letteratura.

de Florencia? (ver Figura 1) ¿Qué misterio o duda, ante este retrato tenido por canónico desde hace siglos del Secretario florentino, quedaría por aclarar?

Se trata de un retrato no sólo reproducido infinidad de veces en su versión original –hasta convertirse en una suerte de icono– sino también modificado, adaptado, reinterpretado, en formas muy diversas (véase, a título de ejemplo, las Figuras 2 y 3), teniéndolo siempre como modelo veraz con el que ilustrar y hacer visible no sólo el rostro auténtico del Florentino –tal y como cabe esperar de todo retrato– sino, más aún, los secretos de su carácter y su verdadera disposición de ánimo, es decir, la esencia de un pensamiento que en el transcurso de los siglos nunca dejó de intrigar y fascinar y, al mismo tiempo, confundir y desorientar hasta al lector más sagaz.

La increíble suerte del retrato en cuestión –de una fuerza extraordinaria, e incluso inquietante, no obstante el trazo algo tosco de la figuración (como esas manos burdas o la desproporción entre cuerpo y cabeza)– se debe, de hecho, a la curiosa circularidad a que parece dar pie y que lleva a preguntarse, al observarlo, si ese rostro taimado y astuto, delgado y huesudo, si esos ojos brillantes e inquisitivos, si esa sonrisa apenas esbozada pero que parece denotar malicia y un deje de irreverencia, no serán la atinada –y acaso genial– representación pictórica de la fama, vagamente siniestra, que de manera generalizada se asoció con Maquiavelo ya desde de su muerte, o si, en cambio, se trata de una representación fiel, del verdadero y auténtico Maquiavelo tal y como lo conocieron sus familiares y coetáneos.

En suma, no se entiende, al observar detenidamente este retrato que parece haber sido pintado no a partir de un modelo vivo "sino de una idea muy precisa de la esencia diabólica de lo maquiavélico" (como ha escrito atinadamente Guido Ceronetti),[2] si se tiene delante un Maquiavelo, por así decir,

---

2. Ceronetti, G. (1990: 148) *Il silenzio del corpo. Materiali per studio di medicina*. Milán. Adelphi. La cita completa, extraída de la quinta edición revisada y ampliada, suena así: "Santi di Tito, al retratar a Maquiavelo, ha creado algo nuevo en la pintura demonológica. No trabajaba con el modelo, sino con una idea muy precisa de la esencia diabólica maquiavélica. Como figura en la Inteligencia amputada del Corazón, este Maquiavelo suyo es un verdadero demonio del tiempo futuro". Análogamente, más

histórico y verdadero, fielmente representado, o, más bien, la imagen sinté-
tica, claramente evocativa, de un Maquiavelo estereotipado e imaginario, la
representación paradigmática de todo lo que su nombre y sus términos
derivados (maquiavélico, maquiaveliano, maquiavelismo, maquiavélica-
mente, maquiavelo, maquiavelería, maquiavelesco) han terminado por evocar, sobre todo en la cultura popular: astucia, sagacidad, deslealtad, falta de
escrúpulos, artimaña, engaño, perfidia, absoluta falta de remordimientos y
disposición a lograr los propios propósitos por cualquier medio.

En este retrato (y de sus reproducciones o variantes) se basó, obviamente,
el marqués Ridolfi para la descripción de Maquiavelo que se lee en su clásica biografía: "De la persona fue bien proporcionado, de mediana estatura,
delgado de complexión, erguido en su actitud, y valiente en su gesto. Tenía
el pelo negro, de tez blanca, algo aceitunada; la cabeza pequeña, el rostro
huesudo, la frente alta. Sus ojos muy vivaces y su boca fina, y cerrada,
parecían amagar siempre una sonrisa burlona".[3] Un pasaje de fina literatura
que obviamente debe valorarse, desde el punto de vista histórico-documen-
tario, por lo que es: una reconstrucción del Maquiavelo histórico que se basa
en gran medida en una imagen realizada por un artista, el mencionado
Santi di Tito, que habiendo nacido en 1536 y fallecido en 1603, no pudo
haber conocido personalmente al individuo por él representado. Condición
igualmente compartida por los otros retratos conocidos a día de hoy del
Secretario: todos realizados *después* de su muerte y sin que se conozca el
arquetipo figurativo con el cual los distintos autores pudieron haber trabajado. ¿Existió, acaso, un retrato *en vida* del Florentino que se perdió y, por
tanto, desconocemos?

recientemente, se ha expresado el filósofo francés Onfray: "La toile du peintre manié-
riste Santi di Tito ne peint pas Machiavelli mais le machiavélisme"; Onfray, M. (2019:
94) *Le crocodrile d'Aristote*. París. Albin Michel. Una intuición interesante a la cual
Onfray, sin embargo, ha enganchado, por amor al sensacionalismo, una atribución
temeraria: nada menos que un retrato del Florentino realizado por Leonardo da
Vinci, como se puede leer en el último párrafo de este capítulo. Sobre Maquiavelo
demonio, véase en este volumen el ensayo "El Secretario del diablo".
3. Ridolfi, R. (1978: 23) *Vita di Niccolò Machiavelli* (séptima ed. aumentada). Florencia.
Sansoni.

En verdad, contamos con un par de testimonios de su época que algo parecen indicar sobre los verdaderos rasgos de Maquiavelo. El primero es la única carta que se conserva de su mujer, Marietta Corsini. Escrita con fecha 24 de noviembre de 1503, poco después del nacimiento de su segundo hijo, Bernardo, y durante uno de los viajes que mantenían al Secretario lejos de Florencia. En ella se puede leer, muy brevemente, una descripción indirecta escrita por quien lo conocía y convivía cotidianamente con él. Doña Marietta habla del recién nacido y lo describe al marido con estas palabras: "Por ahora el niño está bien, se parece a usted: es blanco como la nieve, pero tiene la cabeza que parece terciopelo negro; y es peludo como usted y, al parecer, hermoso porque se parece a usted, y está activo como si ya hubiera estado un año en el mundo; abrió los ojos apenas nacido, y llenó toda la casa de ruido".[4] Pero las descripciones, como se puede ver, son demasiado vagas como para decirnos algo fiable –y menos aún concluyente– sobre la apariencia real del Secretario, excepto que debía tener una bella y tupida cabellera negra (al escribirse esta carta, tenía 34 años) que, por otro lado, desmentiría la cabellera más escasa –y para nada espesa– que muestra el retrato de Santi di Tito.[5]

El segundo testimonio es una caracterización autodescriptiva: "yo también soy delgado",[6] escribe de sí mismo el "pobre Maquiavelo" en el célebre soneto dedicado a Giuliano de Medici, después de su excarcelación del Bargello, donde había estado detenido como sospechoso de participar en la conjura antimedícea liderada por Agostino Capponi y Pietro Paolo Boscoli

4. Machiavelli, N. (1961: 121-122) *Lettere* (editado por F. Gaeta). Milán. Feltrinelli.
5. Algunos días antes de la carta de Marietta, para ser precisos el 9 de noviembre, Maquiavelo -que se encontraba en Roma en ese momento- recibió noticias de su amigo y colaborador Biagio Bonaccorsi sobre el recién nacido, describiéndolo como "hermoso y activo". En una carta unos días después, el 15 de noviembre, Bonaccorsi añadió un detalle más amplio en términos fisonómicos: "parece un corbachino [un pequeño cuervo], es negro". Este parece ser la misma referencia al color corvino y al volumen del cabello que se encuentra en el mensaje de Marietta. Cfr. *Ibid*, p. 115 y 117.
6. Machiavelli, N. (2012: 283) *Scritti in poesia e in prosa*, (eds. A. Corsaro, P. Cosentino, E. Cutinelli-Rèndina, F. Grazzini, N. Marcelli). Roma. Salerno Editrice.

(febrero/marzo de 1513).[7] Pero además de ser poca cosa como indicación física, esta referencia a su propia delgadez –escrita mientras se encontraba ya aislado en su casa de campo de Albergaccio– parecería, más bien, un modo para señalar al destinatario de los versos su estado de postración moral y de indigencia económica provocado por su defenestración de la Cancillería, la acusación de conjura en su contra (y las torturas padecidas en la celda), por las difamaciones de los rivales y, también, por el temor de que lo alejasen para siempre de la vida pública.

Se puede concluir que las descripciones de Maquiavelo que se siguen leyendo en biografías y textos críticos –sobre, por ejemplo, sus mejillas "prominentes como las de un gato, una comadreja, un primate u otros animales astutos",[8] o sobre su "postura erguida y segura", su "expresión inteligente, cínica e irónica"–[9] son tan sólo divagaciones literarias o suposiciones basadas en imágenes históricas de las que no sabemos cuánto reflejan la verdadera apariencia de Maquiavelo y cuánto lo presentan tal como se pensó que debía ser a la luz de la leyenda negra que su nombre ha alimentado a lo largo de los siglos.

El riesgo del que debemos ser conscientes es que la retratística maquiaveliana conocida por nosotros –enteramente póstuma, como ya se ha dicho– pueda estar condicionada, en el plano estético-descriptivo, no sólo por las numerosas y todas muy tempranas expresiones del antimaquiavelismo, sino también por lo que cabe definir como una visión, aunque involuntariamen-

7. Sobre Maquiavelo conjurado -en el doble sentido de activo protagonista de tramas e intrigas y de teórico analista de las conspiraciones- cfr. Campi, A. (2018) *Machiavelli and Political Conspiracies. The Struggle for Power in the Italian Renaissance*. New York-London. Routledge.

8. Prezzolini, G. (1948: 23) *Vita di Niccolò Machiavelli* (quinta edición). Milán. Mondadori.

9. Viroli, M. (1998: 5) *Il sorriso di Niccolò. Storia di Machiavelli*. Roma. Laterza. No menos encantadora que las citas del siglo XX, es la descripción que ofrecía en 1868 el curador de las *Obras completas* impresas en Palermo en un solo volumen por los editores Fratelli Pedone Lauriel: "Fue de estatura común y justa, de temperamento débil y propenso a frecuentes molestias estomacales, y de tez olivácea, de aspecto alegre y vivaz" (p. XXXII). En definitiva, no es ni alto ni bajo, más bien frágil de salud, de tez que se piensa más tirando al trigueño y con un carácter alegre, nada más.

te, maquiavélica (o maquiaveliana), estereotipada y deformante de Maquiavelo.

Esta sospecha no escapó a los grandes biógrafos del Florentino del siglo XIX: Pasquale Villari, por ejemplo, hablando de un busto que había visto –probablemente una copia de la terracota policromada que hoy se conserva en el Palacio Vecchio (ver Figura 4)– no ocultaba que las expresiones faciales –"de sutileza, de prudencia, casi de astucia"– suscitaban una duda: "de no ser por la certeza de que se trata de una concepción más o menos antigua, cabría pensar que es concepción moderna del Maquiavelo tradicional",[10] es decir, una adaptación iconográfica del Maquiavelo de la *vulgata* antimaquiaveliana.

Más explícito aún en este punto fue Oreste Tommasini, quien no por casualidad incluyó en el capítulo sobre el maquiavelismo su digresión sobre la retratística referida al Florentino. Sostenía ahí que la personalidad de este último había sido objeto de deformaciones y malentendidos, tanto en el ámbito histórico-filosófico como en el campo de la historia del arte,[11] precisamente a partir de su retrato más canónico, tan expresivo como, según él, manifiestamente cercano a los rasgos del rostro enunciados en los silogismos fisonómicos de Giambattista Della Porta. Este último, por ejemplo, postulaba en su célebre tratado *De humana physiognomonia* (1586) que las mejillas delicadas y pequeñas, que recuerdan aquellas de los gatos y de los primates, indican malicia y astucia en una persona.[12] Entonces, Tommasini se pregunta: "¿hay alguna buena razón para creer que el retrato de Santi di Tito representa precisamente las formas y el rostro del secretario florentino?".[13]

10. Villari, P. (1912: 312) *Niccolò Machiavelli e i suoi tempi*, Vol.I (tercera edición). Milán. Hoepli.

11. Tommasini escribe claramente que la "gran adulteración que se hizo de la persona histórica de él, tanto en el campo de la ciencia como en el campo del arte": Tommasini, O. (1883: 63) *La vita e gli scritti di Niccolò Machiavelli nella loro relazione col machiavellismo*, Vol. I. Roma-Turín-Florencia. Loescher.

12. Della Porta, G. (1586) *De humana physiognomonia libri 4*. Vico Equense. Giuseppe Cacchi.

13. Tommasini, *op. cit.* p. 65.

Es con estas dudas, y con conciencia crítica, como conviene acercarse a la tradición iconográfica sobre Maquiavelo –bastante compleja y contradictoria por otra parte–, que no comprende sólo pinturas y grabados, sino también estatuas, bustos, medallas y frescos, así como las imágenes más recientes del Florentino representado mediante las formas artísticas y expresivas más diversas: desde la gráfica publicitaria a los cómics. Se ha abierto así un nuevo campo de estudio que ha empezado a despertar la atención de estudiosos e investigadores, en gran medida a raíz de las exposiciones celebradas con motivo del quinto centenario de *El Príncipe*.[14]

¿El verdadero Maquiavelo?

La única representación considerada fiable y presumiblemente real de Maquiavelo es, según diversos estudiosos, la famosa pintura de Santi di Tito (ver Figura 1). Que este último haya retratado al Florentino –dos veces– es un dato que nos llega de Filippo Baldinucci (1625-1697), histórico del arte y también artista, autor de una célebre obra llamada *Notizie de' professori del disegno da Cimabue in qua*, compuesta por seis volúmenes (tres impresos en vida, tres póstumos) publicados entre 1681 y 1728. De la primera pintura, propiedad de Ippolito de' Ricci, Baldinucci dice que "para parecer vivo, sólo le falta la voz",[15] dando así a entender que el retrato es muy verídico y muy

---

14. La exposición organizada en Roma -Complejo Victoriano, del 16 al 25 de junio de 2013- además de presentar una amplia galería de retratos de Maquiavelo, por primera vez documentó la difusión de su imagen en las diversas expresiones de la cultura popular y de masas. Cfr. el catálogo de la exposición: Campi, A. (ed.) (2013) *Il Principe di Niccolò Machiavelli e il suo tempo. 1513-2013*. Roma. Treccani. Entre los estudios sucesivos a esta muestra dedicada a la iconografía maquiaveliana, cfr. Mezzarobba-Herrenschmidt, J. (2019) *Fortunes et infortunes de Machiavel au XXIe siècle. Entre instrumentalisation et mythisation*. Paris. École Doctorale IV, Sorbonne Université. - Campi. A.; Dubard de Gaillarbois, F. (eds.) (2023) *Machiavel imaginaire. Histoires d'un cliché*. Paris. Spartacus.
15. Baldinucci, F. (1770: 72) *Notizie de' professori di disegno da Cimabue in qua*, (ed. de Domenico Maria Manni, Giovanni Battista Stecchi y Anton Giuseppe Pagani).

bien ejecutado (está hablando, con toda probabilidad, del que hoy en día-
puede verse en el Palacio Vecchio). De la segunda, sostiene, en cambio, que
pertenecía a otro miembro de la familia, Pierfrancesco de' Ricci, pero sin
especificar cuán distinto pudiera ser este retrato del otro. Y sin dar de
ambos una descripción, ni siquiera sucinta. La existencia de la herencia de
"muchas cosas relacionadas con aquel ilustre literato" de esta familia
–emparentada por primera vez con los Maquiavelo cuando Bartolomea
(apodada "la Baccia" o "Baccina"), hija menor de Nicolás, se casó con
Giovanni di Giuliano de' Ricci (marzo de 1542)–[16] también está atestiguada
por las memorias, aparecidas póstumamente en 1865, del obispo Scipione
de'Ricci (1740-1810): este último declaraba la posesión, por "título heredi-
tario y de parentesco", de "algunos retratos en pinturas" y de un "busto obtenido de la máscara [mortuoria]"; y agrega que "las planchas grabadas bajo el
gobierno del augusto Leopoldo y del presente Gran Duque son, en su
mayoría, tomadas de aquellos retratos".[17] Si se examinan las imágenes
maquiavelianas que aparecen en obras impresas publicadas en la Toscana
durante la segunda mitad del siglo XVIII, reinando justamente Pietro
Leopoldo y Ferdinando III de Lorena (el "presente Gran Duque"), se infie-

Florencia. / Se trata de la segunda edición de la obra, publicada entre 1767 y 1774. La
primera edición del volumen que contiene las noticias sobre Santi di Tito es de 1688
(cuarto de los seis volúmenes, el primero póstumo). Otras ediciones de esta obra: ed.
de Piacenza, G. (1768-1820) Turín; (1808-1812) Milán; ed. de Ranalli, F. (1845-47)
Florencia. La cita completa es: "Ipolito de' Ricci, abogado del Colegio de los Nobles, y
caballero, que por diversión ha trabajado mucho en pintura, guarda en su casa de
Santa Croce algunos retratos de sus antiguos ancestros y de otros parientes, entre los
cuales se encuentra el de Nicolás Maquiavelo, quien fuera Secretario de la República
Florentina, al que sólo le falta, para parecer vivo, la voz; otros retratos de él, junto con
algunos de esa misma familia de los Ricci, todos obra de Santi, los conservan los herederos de Pierfrancesco de la misma noble familia de los Ricci".

16. La segunda se refiere al matrimonio contraído en 1608 por Ippolita d'Alessandro de
Bernardo de Niccolò -estamos hablando de la bisnieta del Florentino, de la hija de su
nieto Alessandro (1556-1597)- con Pierfrancesco de' Ricci. Ippolita, fallecida en 1613,
fue la última descendiente.

17. de' Ricci, S. (1863: 134) *Memorie di Scipione de' Ricci*, vol. 2 (a cuidado de Agenore
Gelli). Florencia. Le Monnier.

re, en efecto, que una de las pinturas propiedad de Scipione debía ser, sin dudas, la de Santi di Tito (ver Figura 5, donde éste es mencionado como fuente iconográfica del grabado aparecido en una edición de las obras maquiavelianas publicadas en el 1782).

De este cuadro se había perdido el rastro en el siglo XIX. Tommasini lo señala pero sin indicar una posible ubicación y sin dar la impresión de haberlo visto alguna vez; "no se sabe dónde se encuentra",[18] escribe, a su vez, Villari. En 1926, en un ensayo escrito en *Dedalo*, la revista de arte dirigida por Ugo Ojetti, de las dos pinturas atribuidas a Santi di Tito, Luigi Dami sostiene: "si todavía existen son, al menos para mí, desconocidas".[19] El retrato –extinta la rama principal de los Ricci a mitad del siglo XIX– habría sido adquirido, no se sabe cuándo ni cómo, por el industrial varesino Ermenegildo Trolli (1882-1969), que en 1928 lo donó a Mussolini, quien, a su vez, lo destinó, ese mismo año, a la Galería degli Uffizi. Restaurado, siempre en 1928, por Mauro Pelliccioli (1887-1974) –uno de los principales restauradores italianos–, fue expuesto por primera vez en Roma en 1932 en la *Mostra d'arte antica*. La autenticidad de este cuadro, en cuanto al individuo retratado, derivaría del hecho de que habría sido realizado a partir de un busto, también en posesión de Scipione de' Ricci y comúnmente identificado con la terracota policromada que también se encuentra hoy en día en el Palacio Vecchio (ver Figura 4), que a su vez se obtuvo de la máscara mortuoria de Maquiavelo y que, por lo tanto, reproduciría, salvo por la rigidez de los rasgos faciales propia de un calco mortuorio, sus rasgos reales. De la existencia de esta máscara mortuoria (a pesar de un supuesto descubrimiento claramente falso en el siglo XIX y de la confusión que a veces se ha producido entre la máscara mortuoria de Lorenzo de Medici –actualmente conservada en el Palacio Medici Riccardi, en Florencia– y la de Maquiavelo) no hay, todavía, prueba alguna de su existencia salvo el testimonio, muy genérico, al que hicimos referencia anteriormente. Si alguna vez existió,

18. Villari, *op. cit.* p. 312.
19. Dami, L. (1925-26) "Il cosiddetto Machiavelli del Museo del Bargello", en *Dedalo*, anno VI, volume III (fascicolo IX), p. 560.

desapareció. Su nieto, Giuliano de' Ricci, no hace referencia a ella en su *Apógrafo* ni tampoco nombra –a pesar de conservar los documentos de la herencia y las cartas de su abuelo– la existencia, entre las cosas de la familia, o en otro lugar, de retratos, imágenes o bustos de algún tipo que representen a Nicolás.

En cuanto al busto existente en casa de Scipione de' Ricci, no existe ninguna certeza de que se trate de la terracota antes referida. Noticias ciertas sobre ésta aparecen sólo a finales del siglo XIX, cuando fue descrita por primera vez en un artículo de la *Revue archéologique* por L. de Laigue quien, sin embargo, la fechó hacia el año 1509-10, y representaría el rostro de un cuarentón, lo que excluiría, como se sostendrá después, su derivación de un calco mortuorio.[20] La propiedad del busto era entonces del conde Stanislao Bentivoglio, que la había heredado de su madre, la marquesa Isabella de Piccolellis (conocida como Luci-Poniatowski), casada en segundas nupcias con un exponente de la casa de los Ricci llamado Zanobi. Después fue adquirido por el coleccionista estadounidense Charles Loeser, que en 1912 lo donó a la ciudad de Florencia.[21] De este busto, sobre el cual se habrían hecho algunas copias hoy ya perdidas, según el testimonio de Scipione de' Ricci que recoge Pasquale Villari, se basó, posiblemente, el escultor Lorenzo Bartolini (1777-1850) para realizar en 1845 la escultura en mármol que hoy se encuentra en el pórtico de los Uffizi (ver Figura 6).

En realidad, entre los bienes de los herederos más o menos directos de Maquiavelo figuraba también otro busto, el cual, según una fotografía de principios del siglo XX,[22] se encontraba en una de las salas del Albergaccio de Santa Andrea, en Percussina, donde (al menos hasta hace unos años) se exhibía. El interés por este retrato, que en los registros figuraba como un busto de mármol de Carrara del siglo XIX y que podría bien ser la copia de

20. Cfr. de Laigue, L. (1887) "Un portrait inédit de Machiavel", en *Revue archeologique*, pp. 139-143.

21. Cfr. Lensi, A. (1934) *La donazione Loeser in Palazzo Vecchio*. Florencia. Comune di Firenze.

22. La foto se puede ver en Oxilia, A. (1932: 31) *Machiavelli*. Florencia. *Novissima Enciclopedia Monografica Illustrata*. p. 7.

un busto aún más antiguo, consiste en su evidente pertenencia a la corriente que definimos como "gioviana" y de la cual nos ocuparemos en el siguiente parágrafo.

Falta aclarar la historia del segundo cuadro que Filippo Baldinucci atribuye a Santi di Tito, y de los otros "retratos pintados" que Scipione de' Ricci
dice poseer. Ante la ausencia de registro de los bienes legados por Maquiavelo, y la escasa información disponible, cabe asumir como plausible la
hipótesis formulada por Ridolfi según la cual uno de los retratos en cuestión
–cuya existencia atestiguaban algunos grabados impresos (así, el reproducido en el primero de los ocho volúmenes de las *Obras* impresas en Floren-cia
entre 1796 y 1799, o en el primero de los doce tomos de las *Obras* publicadas en Venecia en 1811 por la imprenta Molinari), pero del cual se había
perdido el rastro– sería el adquirido en una subasta londinense por la con-
desa Sofia Serristori Tozzoni en los años sesenta del siglo pasado, el cual se
habría conservado en el Albergaccio hasta que la residencia de campo de la
familia Maquiavelo fue cedida por sus últimos, y ya indirectos, descendientes. Actualmente se encuentra en el depósito del Palacio Strozzi en Florencia
(ver Figura 7). Este retrato, claramente deudor de la obra de Santi di Tito,
pero de una realización más burda, ha sido atribuido, a lo largo de los años,
primero a Rosso Fiorentino, después a Francesco Salviati y, finalmente, al
taller de Santi di Tito. Podría tratarse, *según algunas hipótesis*, de una copia
o de una adaptación de la pintura de este último ordenada por los propios
familiares de Maquiavelo y realizada por algún discípulo, de manos no tan
virtuosas, del pintor umbro-florentino. O también –según Ridolfi– "es de
suponer que los descendientes de Maquiavelo han encargado dos retratos, a
copiar de la máscara o del busto hecho de la máscara, a dos artistas diferentes".[23]

Respecto a la tradición iconográfica originada por el retrato de Santi di
Tito y del busto que se supone se obtuvo de la máscara mortuoria, perdura
un misterio o, mejor dicho, una duda, razonable y potencialmente concluyente: ¿por qué no hay ninguna referencia de la existencia de un legado

---

23. Ridolfi, *op. cit.* p. 431.

histórico-artístico tan importante (que debería remontarse a la mitad del siglo XVI) en los escritos de Giuliano de' Ricci (1543-1606), hijo de la Baccina y de Giovanni, quien fue el primero en trabajar (junto al primo de Nicolás, el canónico primogénito de Bernardo) con las cartas del abuelo? Si ya existían pinturas, bustos, e imágenes de cualquier naturaleza del célebre abuelo –que Giuliano nunca conoció, pues nació dieciséis años después de su muerte, pero de cuya semejanza sí podrían haber atestiguado su madre y su tío–,[24] ¿por qué no hacer al menos una referencia en el célebre *Apógrafo*? En éste último, a tenor de la transcripción (parcial) que ha hecho Tommasini en el "Apéndice" de su monumental biografía,[25] se encuentra, en efecto, una referencia (si bien indirecta) a la imagen de Maquiavelo. Así, Giuliano escribe:

Giovio, en los *Elogia* al pie de la imagen de Maquiavelo, tildándolo de maligno y poco religioso, dice que murió por tomar una medicina a su antojo, mediante la cual, jugando locamente con la Divinidad, se encaminó a la muerte. Y como veo la receta de estas píldoras tan celebradas por él, me imagino que en esos tiempos podría haberse difundido algún falso rumor sobre esto, porque en verdad murió cristianamente en su cama, visitado por todos sus amigos, en brazos de su esposa y de sus hijos. Yo que soy su nieto, nunca he escuchado tal cosa ni de Doña Marietta de Corsini, su esposa, ni de Doña Baccia, mi madre y su hija, ni de Messere Bernardo, Messere Guido y Messere Piero, sus hijos y mis tíos. Lo considero una vanidad, y la composición de esas píldoras es tal que no merece ser mencionada por un escritor maldito y falso como Giovio, que hizo un comentario sobre ellas, sugiriendo que al tomarlas uno podría bromear con la religión o tratar de volverse inmortal, ya que los ingredientes en ellas son todos simples y comunes, conocidos por todos los médicos y farmacéuticos. Y para darle a Giovio

24. Bartolomea o Baccina nace en 1518 y muere en 1584. Bernardo nace en 1503 y muere 1573.

25. El documento, con la sigla *Palatino E.B.15.10 striscia 1414*, puede consultarse íntegramente en la web *Manus Online-Manoscritti delle biblioteche italiane* en la dirección https://manus.iccu.sbn.it/web/manus

la recompensa de su elogio, léase el siguiente epitafio, hecho por una persona veraz y no maldita ni mentirosa.[26]

Este conocido párrafo pretendía desmentir las maliciosas insinuaciones
que Paolo Giovio había sembrado en el breve perfil biográfico maquiaveliano publicado en los *Elogia* (cuya primera edición publicó, en vida, en 1546):
en particular la noticia según la cual el "irrisorio y ateo" Nicolás se había
dado muerte "por broma extrema burlándose de su vida"[27] (es decir, un suicidio lúcido). Pero aquí, más que la polémica con Giovio –cuya fiabilidad
como historiador y biógrafo sigue siendo objeto de discusión–, interesa el
pasaje del *Apógrafo* donde se lee: "Giovio, en los *Elogia* al *pie de la imagen de
Maquiavelo…*". Pasaje que parece atestiguar un hecho bien preciso: la edición de los *Elogia* que Giuliano de' Ricci tuvo entre sus manos fue la publicada póstumamente en 1577 en Basilea por la imprenta Pietro Perna, la primera que tiene las ilustraciones sacadas de los retratos que Tobias Stimmer
(1539-1584) había realizado a partir de los retratos de los *hombres ilustres*
conservados en el célebre *musaeum* gioviano de Como. Hojeando esta edición, Giuliano seguramente habrá visto, en la página 162, el grabado retra-
tando de perfil a su abuelo (Figura 8); y se habrá preguntado, justamente
por no haberlo conocido en persona, cuán fiable y verdadero era el retrato,
y cuánto podía semejar a las otras pinturas o bustos que por entonces ya
estaban (como algunos sostienen) en poder de la familia. Por otra parte,
todavía vivían familiares que, como se ha dicho, podían dar fe de la veracidad de la representación: la madre Baccia y su padre Giovanni, fallecido en
1590, que tenía un recuerdo nítido del suegro.

Sabemos que Giuliano de' Ricci trabajó con las cartas del abuelo entre el
1570 y el 1600, cuando el proyecto de una edición purgada de las obras
maquiavelianas fue definitivamente abandonado. Si hasta ese momento no
menciona ningún retrato o busto del abuelo en poder de los herederos
(dando por descontado que fuera de la familia nadie podía tener interés en

---

26. Tommasini, *op. cit.* p. 644.
27. Giovio, P. (2006: 259) *Elogi degli uomini illustri* (F. Minonzio ed.). Turín. Einaudi.

conservar la imagen de un hombre cuyas obras estaban por entonces prohi-
bidas y se tenían por peligrosas) es porque, simplemente, no existían. Por
tanto, cabe suponer que los dos retratos maquiavelianos atribuidos a Santi
di Tito, o a alguno de sus discípulos, como el que se encuentra hoy en el
Palacio Vecchio, podrían haber sido realizados *después* de la muerte de
Giuliani de' Ricci (1606). De lo contrario, habría tenido conocimiento de los
mismos. Y también *después* de la muerte de Santi di Tito, ocurrida tres años
antes, en 1603.

La tradición gioviana

Una corriente iconográfica autónoma, distinta de la que deriva del cuadro
de Santi di Tito, está precisamente representada por los retratos que tienen
como matriz declarada aquellos que Paolo Giovio había mandado hacer
para su, tan célebre como controvertida, biografía del Florentino dentro de
la colección de imágenes dedicadas a los hombres ilustres de todas las épo-
cas que albergaba en su villa de Como.

La pintura original de Maquiavelo se perdió con la dispersión de la colección de Giovio, pero sirvió como base tanto al suizo-alemán Tobias
Stimmer para el grabado impreso en la primera edición ilustrada de los
Elogia publicada en Basilea en 1577 (mencionada brevemente anteriormente: ver Figura 8), como a Cristofano dell'Altissimo (1530 *ca.*-1605) en la
copia del perfil (actualmente en los Uffizi) que realizó durante los diez años,
de 1552 a 1562, que pasó en el *museaum* de Como, donde, según recuerda
Vasari, "fue enviado por el señor duque Cosimo [...] para retratar [...]
muchas pinturas de personas ilustres, entre una multitud que ese hombre
excepcional recopiló en ese lugar".[28]

Giovio fue un biógrafo sumamente precoz de Maquiavelo: el perfil de este
último que apareció en la edición princeps de los *Elogia*, impresa en Venecia
en 1546, fue precedido por lo que había escrito en los incompletos *Dialogus*

---

28. Vasari, G. (2013: 1345) *Le vite dei più eccellenti pittori, scultori e architetti*. Roma.
Newton Compton. La utilizada para esta reimpresión es la edición de Giunti de 1568.

de viris litteris illustribus, fechado alrededor de 1528, poco después de la muerte del Florentino.[29] Por un apunte autobiográfico y, más aún, por distintos indicios históricos, es casi cierto que Giovio conoció personalmente a Maquiavelo durante los años de su permanencia en la corte del cardenal Giulio de' Medici, en Florencia (1520-1522). Así cabe interpretar el pasaje de los *Elogia* que dice "De él se sabe, *como me decía personalmente* (*sicuti ipse nobis fatebatur*), que aprendió las flores de la lengua griega y latina de Marcello Virgilio".[30] Por lo tanto, es posible imaginar que en su galería –teniendo en cuenta que para él, historiador, la objetividad de los hechos está ligada con la veracidad de las imágenes– difícilmente habría expuesto un retrato que no correspondiese a los rasgos reales de una persona que había visto y frecuentado o que difiriera en exceso de la persona original. Lo que significa que la pintura expuesta en la galería gioviana podría considerarse, a tenor de este último argumento, la matriz que mejor nos deja vislumbrar la imagen real o histórica de Maquiavelo.

Es precisamente a esta matriz, con algunas variantes, a la que se pueden atribuir otros dos célebres retratos, entre los pocos que han quedado, datados entre finales del siglo XVI y mitad del siglo XVII. El primero es aquel –anónimo, si bien en el pasado haya sido atribuido tanto a Bronzino como a Andrea del Sarto– que hoy se conserva en la Galería Doria-Pamphili de Roma :[31] a diferencia de la ya citada pintura de Cristofano dell'Altissimo conservada en los Uffizi, que muestra un Maquiavelo canoso, de avanzada edad y envuelto en un paño negro del mismo color que el gorro, el autor del *El Príncipe* tiene una expresión menos fruncida, de un ligero color rojizo, pero que presenta la misma expresión astuta y vivaz que se acentúa en la pequeñez de sus labios bien apretados.[32]

---

29. Cfr. Raimondi, E. (1972: 235-252) *Politica e commedia. Dal Beroaldo al Machiavelli*. Bolonia. Il Mulino.
30. Giovio, *op. cit.* p. 259.
31. Lo señala ya en 1791 en el Palacio Doria (atribuyéndoselo a Bronzino) Vasi, M. (1791: 86) *Itinerario istruttivo di Roma e delle sue adiacenze*, T. I. Roma. Luigi Perego Salvioni.
32. Entre esta pintura y el perfil de terracota policromada que se encuentra en el Palacio Vecchio existen -como había intuido Ricolfi, R. (*op. cit.*: 430)- evidentes semejanzas.

El segundo, atribuido a Antonio Maria Crespi, conocido como el Bustino (1580 ca-1630), está en la colección de la Pinacoteca Ambrosiana, fundada en Milán por el cardenal Federico Borromeo imitando la galería gioviana, y en gran parte basada en copias de los originales de esta última: en esta versión, Maquiavelo lleva una vistosa túnica color langosta, tiene una nariz arqueada y aguileña, y rasgos faciales que parecen acentuar su aspecto astuto y su naturaleza maligna.

Aún queda por señalar, perteneciente a los Uffizi pero actualmente en depósito externo en el Museo Ferrucciano, siempre en Florencia, un retrato anónimo de Maquiavelo que presenta –como se lee en los antiguos registros del museo– una figura varonil, de cabellos blancos, con vestimenta y gorro negros. Sin embargo, entre todas las que se atribuyen a la tradición gioviana, este cuadro es la que menos convence, por la simple razón de que en todos los otros casos mencionados el nombre de la persona representada –'NICOLAUS MACCHIAVELLUS', 'NICOLAUS MACHIAVELLUS HISTORIAR. SCRITPOR', 'MACHIAVELLO. HISTORICO'– aparece escrito claramente dentro de las telas.

Pertenecen a esta corriente, asimismo, las diversas imágenes incluidas en las ediciones de los escritos maquiavelianos publicadas en el transcurso de los siglos: así por ejemplo, el grabado firmado por P. Pinchard que abre la edición de las *Obras completas* publicada en 1679 (cuatro volúmenes), y en 1670 (cinco tomos); o el grabado recogido en una versión del *El Príncipe* aparecida en Florencia en 1819.

El misterio (resuelto) de la "Testina"

Entre los perfiles más famosos de Maquiavelo, aun hoy muy reproducido, es el utilizado por primera vez en la portada de una colección de cuatro volúmenes de las obras del Florentino publicada en 1540-41 en Venecia por

Se puede deducir que la tabla del Palacio Doria -autor desconocido- pueda ser considerada la confluencia o síntesis, por así decir objetiva, de dos corrientes iconográficas: la gioviana y la que se remonta a Santi di Tito.

el editor de origen piamontés Comin da Trino (ver Figura 9). En tres de los cuatro tomos, entre las iniciales N. y M., aparecía el grabado de un "busto de tres cuartos y girado hacia la derecha de un hombre [...] vestido con un *lucco*, con la cabeza despejada por una acentuada calvicie y una llamativa nariz aguileña, que sostiene con una mano un gran volumen y dirige hacia el espectador una mirada penetrante, desprovista de toda ironía y sin que sonrisa alguna la suavice".[33] La expresión sombría y la mirada siniestra de esta imagen, más que plasmar los rasgos del autor parecen, en efecto, expresar una condena implícita de su obra o, al menos, una prudente toma de distancia por parte del editor respecto a su contenido: si apenas diez años tras su muerte existía un mercado muy receptivo a sus escritos, y bien provisto sobre todo por las imprentas que entonces operaban en Venecia, también empezaba a crecer el clima de hostilidad contra sus escritos que culminaría, en 1559, con su inclusión en el Índice.

Este pequeño y desgarbado busto masculino, sin iniciales y basado en un grabado ligeramente diferente al original, será nuevamente utilizado como portada de una versión de las *Obras completas* de Maquiavelo, de impresión anónima, sin indicación del lugar pero con fecha de impresión en 1550 –aunque se remonte a 1610-19– y, con toda probabilidad, de procedencia ginebrina. Entre 1628 y 1670, siempre con fecha falsa de impresión en 1550, aparecieron al menos cuatro versiones de esta colección. Destinadas a tener una gran circulación, todas llevaban en la portada el grabado original de 1540, de ahí el nombre "Testina" con el que todavía hoy es conocida entre los bibliófilos y los coleccionistas de antigüedades.

Aunque tosco y, por lo tanto, de escaso valor artístico-iconográfico –en comparación con las otras imágenes de Maquiavelo utilizadas como decoración de sus obras, sobre todo en los siglos XVIII y XIX, algunas de ellas bien elaboradas y de excelente factura–, hasta hace poco nadie ha puesto en duda la credibilidad histórica o al menos la plausibilidad de este retrato.

33. Firpo, M. (2012, pero publicado en 2014) "Il volto, la maschera, la caricatura. Sulla celebre 'testina' di Niccolò Machiavelli", en *Rinascimento*, vol. 52, p. 40 (20-41). También en Firpo, M. (2016: 29-41) *Tra politica e religione. Nuovi studi su immagini e storia nel '500*. Pisa. Edizioni della Normale.

Sólo en 2013 se demostró su falsedad. La figura utilizada en 1540 por Comin da Trino fue de hecho, como han demostrado Massimo Firpo y Giuseppe Bertini, sacada de una obra publicada en Venecia en 1538 titulada *In iudaeos flagellum ex sacri Scriupturis excerptum* y firmada por el ferrarés Fino Adriano Fini (1431-1519). El descubrimiento de un retrato al óleo que representa a Fini y que se remonta a principios del siglo XVI, atribuido a Benvenuto Tisi, conocido como "el Garofalo", conservado en la galería romana del Palacio Farnese, permitió a Firpo establecer con certeza que aquel retrato se basó en el grabado que aparece en la portada de la obra póstuma de Fini, reutilizada dos años después como ornamento de la colección veneciana de las obras de Maquiavelo y, desde aquel momento, utilizada por muchos editores como un retrato fiel a este último, seguramente porque tener unos rasgos inquietantes y anti-maquiavelianos.

En realidad, el propio Comin da Trino debía ser consciente de que ese retrato tenía poco que ver con Maquiavelo, aunque lo eligiera para ilustrar las ediciones de sus obras que imprimió en 1540-1541. Prueba de ello es el uso despreocupado de esa imagen que el editor piamontés hizo algunos años después, en 1549, cuando publicó los *Commentaria in Aphorismos Hippocratis de Theophilus Protospatharius* con la traducción latina del mantovano Ludovico Corradi. El rostro que aparece en la portada del volumen no deja lugar a dudas: es exactamente el mismo que, con las iniciales de su nombre a ambos lados, ni una década antes había utilizado para presentar a los lectores al autor de *El Príncipe*. Ya entonces existían por tanto elementos para concluir que esa "Testina", que reproducía los rasgos de Adriano Fino Fini y que durante mucho tiempo se confundió con Maquiavelo, era poco más que un recurso iconográfico al servicio de conveniencias tipográficas.[34]

---

34. Para un análisis más profundo sobre esta célebre imagen de Maquiavelo cfr. el ensayo incluido es esta edición que lleva por título "Un retrato (falso) de Maquiavelo y el origen del antimaquiavelismo iconográfico: nacimiento, destino y difusión de la "Testina".

El Bronzino inexistente

La noticia de la existencia de uno, o incluso dos, retratos de Maquiavelo realizados por Agnolo Bronzino (1503-1572) aparece recogida en la obra de muchos estudiosos. Tommasini hace referencia a ello, aunque con incredulidad, argumentando que, de ser cierto, seguramente Vasari los habría mencionado en sus *Vidas*.[35] También la menciona Filippo Rossi, que la tiene por verídica, aunque con cautela.[36] De las pinturas atribuidas a Bronzino, pero sin profundizar en la cuestión, escribe, por último, Ridolfi.[37] Al célebre retratista de la corte de los Medici, alguna vez se le ha atribuido el retrato de Maquiavelo actualmente conservado en la romana Galería Doria-Pamphili. Sin embargo, Rossi, en 1927, consideró completamente arbitraria esta identificación, basándose en razones estéticas bastante obvias. En realidad, la única evidencia iconográfica que lleva explícitamente al Bronzino, y que probablemente está en la base de esta persistente *leyenda artística* –así la definía Luigi Dami–,[38] es el retrato, en forma de grabado, de un Maquiavelo de estilo español que apareció por primera vez en una colección de las *Obras completas*, publicada entre 1796 y 1797, con la falsa indicación de Filadelfia como lugar de impresión. Alrededor del óvalo que contiene el retrato maquiaveliano, situado al lado de la página inicial, se puede leer, de hecho, "Ang. Bronzino pinxit. Georg Dillis del. 1794. Raph. Morghen sculp. 1795" (ver Figura 10).

El editor de esta colección era el livornés Gaetano Poggiali, quien en la presentación (anónima) del primer volumen afirmaba poseer el original "del viejo Bronzino" utilizado por el pintor Dillis para el dibujo, luego grabado por Morghen. Este curioso perfil de un Maquiavelo barbudo, adornado con "la gracia española y la actitud cortesana de los tacitistas",[39] que será retomado varias veces por los editores hasta las primeras décadas del siglo

35. Cfr. Tommasini, *op. cit.* p. 65.
36. Rossi, F. (1927) "I ritratti di Machiavelli", en *Illustrazione toscana*, V, pp. 17-19.
37. Cfr. Ridolfi, *op. cit.* p. 429.
38. Cfr. Dami, *op. cit.* p. 560.
39. Cfr. Tommasini, *op. cit.* p. 64.

XX, en realidad no tiene nada que ver con el Secretario. Y no sólo por su evidente diferencia con la iconografía tradicional, incluso en sus variantes, sino porque al observar la producción de Bronzino –como ya intuyó Alexis-François Artaud en su célebre biografía sobre Maquiavelo–,[40] se advierte fácilmente que la base iconográfica de la imagen falsa, o simplemente fantasiosa, del Secretario remite a sus famosos retratos de Cosimo I de' Medici, es decir, a una de las muchas copias o versiones que su taller o seguidores hicieron de éstos. La única duda que queda es por qué Poggiali, que admitió haber poseído alguna versión o réplica de un retrato de Bronzino de Cosimo I, quiso hacerlo pasaren los volúmenes que imprimió, por el del autor de *El Príncipe*. Probablemente, por razones triviales –pero legítimas ya para un editor de entonces– de orden económico y comercial.

Maquiavelos imaginarios

Varias veces, a lo largo de los siglos y, especialmente, durante el siglo XX, se ha creído ver a Maquiavelo en retratos (cuadros, bustos, grabados varios, a menudo atribuidos a artistas importantes) que, a simple vista, representan a otras personas completamente diferentes, casi siempre figuras anónimas de caballeros. Al mismo tiempo, se han propuesto representaciones de su rostro ampliamente creativas y excéntricas.

Un caso (célebre) de atribución falsa, ya desenmascarado por Luigi Dami,[41] es sin duda el del busto de mármol de Pollaiolo (fechado en 1495) que aún hoy se encuentra en el Museo Bargello de Florencia (ver Figura 11)

---

40. Artaud de Montor, A.-F. (1883: 495) *Machiavel, son genie et ses erreurs*, 2 vol. Paris. Fréres Firmin Didot. Artaud, diplomático y autor (además de aquella obra célebre sobre Maquiavelo) de biografías sobre Ariosto, Dante y León XII, fue también un importante coleccionista de arte italiano. Sobre su persona, con especial referencia a sus investigaciones sobre Maquiavelo, cfr. Sciara, G. (2018: 154-159) *Un'oscura presenza. Machiavelli nella cultura politica francese dal Termidoro alla Seconda Repubblica* (Prefacio de Tabet, X.). Roma. Edizioni di Storia e Letteratura.
41. Cfr. Dami, *op. cit.*

y del cual –según Ridolfi– "existe un ejemplar en estuco pintado en el Museo de Berlín fechado en 1490".[42] Resulta, sin embargo, poco probable que Maquiavelo fuera objeto de atención artística y de reconocimiento antes de su ascenso a la Cancillería (1498). Lo interesante es que este pseudo-retrato ha sido, no obstante, tomado como ejemplo para un ejercicio de psicología de antimaquiavelismo como el que aún en 1927 se podía leer en las páginas de *La presse médicale*: "Rostro esencialmente antipático: nótese el tamaño de la boca, la prominencia del labio inferior, ligeramente inclinado hacia delante, indicio de fuerza intelectual, de decisión, pero también de avidez, contrariedad, disgusto; nótense también las arrugas verticales del entrecejo, indicio de reflexión, pero también de mal humor y maldad".[43] Confirmación de que las sendas del prejuicio antimaquiaveliano han sido (y en parte siguen siendo) infinitas, si incluso de una imagen ficticia se pueden derivar tantas conclusiones críticas y moralizadoras.

Lo mismo cabe decir de otro busto de terracota policromada que se perdió en 1944 cuando el lugar que lo albergaba, la Academia Colombaria de Florencia, fue minado y destruido por los alemanes en retirada, pero del cual se conservan documentos fotográficos (una copia de esta obra debería encontrarse aún en una colección privada en Londres). Maquiavelo habría sido retratado no *post mortem* –como, por ejemplo, el busto actualmente en el Palacio Vecchio (ver Figura 4)–, sino ya anciano y cercano a la muerte, lo que explicaría los rasgos sufridos y demacrados de su rostro que, según Ridolfi –quien juzgaba el retrato, si no real, ciertamente verosímil–, es el de un hombre "cansado e infeliz".[44] Pero incluso en este caso, estaríamos antes unas divagaciones psicológicas subjetivas deducidas de una imagen que en realidad podría representar a quién sabe quién.

42. Cfr. Ridolfi, *op. cit.* p. 429.
43. "Visage essentiellement antipathique: noter la grandeur de la bouche, la saillie prépondérant de la lèvre inférieure, légèrement renversée en avant, indice de force intellectuelle, de décision, mais aussi d'avidité, de mécontentement, de dégoût: noter également les rides verticales de l'espace inter-sourcilier, indice de réflexion, mais aussi de mauvaise humeur et de méchanceté". *La Presse médicale*, 5 de marzo de 1927.
44. Cfr. Ridolfi, *op. cit.* p. 380.

En 1929, en la *Rivista d'arte*, M. Mansfield informaba de un retrato inédito de Maquiavelo ubicado en Londres y procedente de la galería florentina del Palacio Capponi. El personaje en cuestión, descrito como "alto y delgado", vestido con "una chaqueta de terciopelo negro con bordes de cuero y bordados de oro en las mangas, en los puños y alrededor del cuello",[45] parece más bien un diplomático, y no hay nada –a diferencia de lo que escribe Mansfield– que recuerde al retrato de Cristofano dell'Altissimo que hoy se encuentra en los Uffizi. En 1969, esta pintura fue atribuida por el crítico Federico Zeri a Jacopino del Conte, pero sin avalar la idea de que pueda tratarse del Florentino.

En la Galería Nacional de Washington se conserva un lienzo de gran formato (ver Figura 12) atribuido a Sebastiano del Piombo, fechado en 1516 (que en 1740, según los inventarios familiares, figuraba en el palacio genovés de los Balbi), que representa al cardenal Bandinello Sauli (*ca.* 1494-1518), con, a su derecha, un hombre joven con barba que parece susurrarle algo y, a su izquierda y de espaldas, dos personajes envueltos en una discusión. Sobre la identidad de estos personajes, a excepción de Sauli que está en primer plano, siempre ha existido una gran incertidumbre. El museo capitalino cataloga el cuadro con el título genérico de "Cardenal Bandinello Sauli, su Secretario, y dos Geógrafos". Algunos estudiosos han planteado, sin embargo, la hipótesis de que el hombre de traje negro, que apoya su mano sobre un libro, podría ser el humanista Giovanni Maria Cattaneo, mientras que el personaje con el índice levantado –como "un gesto, al mismo tiempo, leonardesco y rafaelesco"–,[46] sería el historiador Paolo Giovio: ambos integrantes del círculo romano del cardenal genovés (Giovio, en particular, fue su secretario durante un tiempo). El hombre que parece susurrarle a Sauli, sigue sin indentificar y podría ser un familiar o colaborador suyo.

45. Mansfield, M. (1929) "Di un ritratto inedito di Niccolò Machiavelli", en *Rivista d'arte*, XI, p. 362.

46. Cfr. Parrilla, F. (2018: 32) "Nuove tracce per una copia antica da Sebastiano del Piombo", en Di Loreto, P. (ed.) *Originali, repliche, copie. Uno sguardo diverso sui grandi maestri*. Roma. Ugo Bozzi Editore.

Existe una versión diferente del cuadro, actualmente atribuida al imitador del estilo de Miguel Angel, Marcello Venusti –anteriormente había sido atribuida a Mantegna–, que originariamente formaba parte de la colección de los príncipes Albani de Urbino y ahora se encuentra en Roma, en posesión de los herederos del coleccionista Mario Menotti. Según la descripción del cuadro ofrecida en 1791 por Mariano Vasi,[47] estarían representados en él "Alessandro VI cuando era Cardenal, con Maquiavelo y otras dos figuras" –el propio Vasi atribuye la obra a Pietro di Cosimo, el maestro de Andrea del Sarto–. Pero el primero en mencionar al Florentino fue el grabador oriundo de Las Marcas, Paolo Fidanza (1731-1775 *ca.*), quien en los cuatro personajes vio al cardenal Giovanni Borgia (sobrino de Alessandro VI) con don Micheletto Corella (el famoso lugarteniente y sicario de Valentino) a sus espaldas y, participando en una discusión, a Cesare Borgia (vestido de negro) y a Maquiavelo (con traje de canciller). A partir del cuadro visto en la "Ecc.ma Casa Albani" (que atribuyó sin muchos fundamentos a Mantegna), Fidanza luego hizo grabados, incluido el relativo a Maquiavelo, publicados en los seis volúmenes (editados en Roma entre 1757 y 1766)[48] que contenían una serie de retratos de hombres ilustres basados en maestros italianos como Rafael, Reni y Carracci (ver Foto 13).

Este perfil de un Maquiavelo muy joven y vigoroso, con una nariz puntiaguda pero no aguileña, con una melena fluida, muy diferente de cualquier otra imagen conocida suya, ha tenido algo de circulación: figura, por ejemplo, en una colección de novelas renacentistas (que incluye la traducción de *Belfagor*) publicada en Alemania en 1928 y, también hoy en día, se

---

47. Cfr. Vasi, *op. cit.* p. 232. En esta célebre obra, Vasi menciona incluso la existencia, en Palacio Borghese, de un cuadro "que representa los retratos del Cardenal Borgia y de Maquiavelo" (p. 376) atribuido a Tiziano. Sin embargo no se comprende, en base a la documentación de la cual hoy disponemos, de qué pintura podría tratarse.

48. Fidanza, P. (1757-1766), *Teste scelte di personaggi illustri*, 6 voll. Roma. [tabla 33-36 (volumen V)]. Gran fama obtuvo esta obra en su versión francesa publicada en 1875 por la casa editorial Bouchard e Gravier: *Recueil de têtes choisies de personnages illustres dans les lettres et dans les armes éxactement dessinées et gravées de la grandeur des originaux par Paul Fidanza peintre romain d'apres les peintures de Raphaël d'Urbin et autres grands maîtres existantes au Vatican et dans plusieurs galeries de Rome.*

reproduce en colecciones y libros de Historia. En este juego de espejos y atribuciones, resulta más divertido que paradójico el hecho de que se haya podido ver a Maquiavelo en el retrato que con mayor probabilidad corresponde al de su primer biógrafo –considerado fiable por algunos, propenso a la maledicencia por otros– Paolo Giovio.

A Ridolfo del Ghirlandaio (1483-1561), según la atribución una vez más de Federico Zeri, se le debe atribuir un retrato de un caballero, actualmente en una colección privada en Pesaro, que se identifica con Maquiavelo debido a la vestimenta cancilleresca y la pose y que, de hecho, presenta algunas similitudes con la pintura de Santi di Tito. Pero el retratado, de apariencia anciana, tiene rasgos similares a al menos otros dos retratos de Ghirlandaio que representan a nobles anónimos. La idea de que el retrato contemporáneo del Ghirlandaio se refiera a un Maquiavelo maduro y próximo a la muerte, a diferencia del retrato póstumo de Santi di Tito que lo presentaría en una edad más joven, presupondría –de ser cierta– que este último, a diferencia de lo que se sostiene tradicionalmente, no podría haberse basado en la máscara mortuoria.[49]

A un anónimo florentino del siglo XVI, siempre según las indicaciones de Zeri, se le podría atribuir un cuadro que representa a un Maquiavelo anciano y casi calvo, con expresión de sufrimiento, que en 1966 figuraba en la colección de V. D. Spark en Nueva York (después de haber estado en la de J. Naudet). Pero la decrepitud del personaje –recordemos que Maquiavelo murió a los 58 años aún muy activo y relativamente en forma– hace que la identificación resulte totalmente arbitraria y genérica.

Por último, merece la pena mencionar la imagen maquiaveliana quizás más fea y falta de gracia entre las muchas que han aparecido a lo largo de los siglos, de la cual no se conoce el origen o la matriz, salvo que se tenga por un molde mal hecho a partir de la "Testina" o, con mayor probabilidad, tratándose de un perfil, del grabado de Stimmer (ver Figura 14).

49. Cfr. Altomani & Sons (2002) *Catalogo delle opere*. Maastricht. TEFAT. La ficha de atribución de la pintura a Ghirlandio como representación de Maquiavelo pertenece a la histórica del arte Giulia Semenza.

Nariz con forma de gancho, largos rizos sobre los hombros, ojos acuosos y desorbitados, este falso retrato de perfil del Secretario aparece inicialmente, firmado por el grabador Theodor de Bry (1528-1598), en el tercero de los cuatro volúmenes de las *Icones... virorum illustrium* de Jean-Jacques Boissard (1529-1602), publicado en Frankfurt en 1598 por los herederos de de Bry (Johann Theodor e Johann Israel), y publicado luego también en la célebre *Bibliotheca Chalcographica* (1652-1669). Posteriormente –firmado "R. White sculp."–, se encuentra en forma de grabado, enmarcado por un óvalo, en una traducción de los *Discursos* publicada en Londres en 1674. Aparece también, ligeramente modificado y con el rostro orientado hacia la izquierda, en una versión en francés de *El Príncipe* publicada en Ámsterdam en 1683. Así como en la edición del *Theatrum virorum eruditione clarorum*, de D. Pauli Freheri, impress en Núremberg en 1688, acompañado por la inscripción 'NICOLA MACHIAVELL HISTORICUS FLORENTINUS'. También en 1726, en los cuatro volúmenes de las *Obras* –con La Haya como falso lugar de impresión–. Y por último, en una versión aún más desfavorecida, en el volumen maquiaveliano *Tutti i trionfi / carri, mascherate / o canti carnascialeschi...* publicado por Cosmopoli en 1750. Y se seguirá usando en obras coleccionables durante todo el siglo XIX como, por ejemplo, en el *Biographical dictionary* editado por E. Bellchambers y publicado en Londres en 1837.

Imágenes contemporáneas de Maquiavelo

El siglo XIX, además de propiciar un florecimiento de los estudios crítico-biográficos sobre Maquiavelo y una recuperación de sus enseñanzas en clave patriótica, mostró un renovado interés por él desde el punto de vista pictórico-artístico después de que durante todo el siglo XVIII su imagen hubiera circulado sólo mediante de grabados e ilustraciones destinados al mercado editorial. El primer documento que muestra este renovado interés, que se remonta a 1829, es la pintura de Giuseppe Bezzuoli (1784-1855) dedicada a la entrada de Carlos VIII en Florencia (el 17 de noviembre de

1494), hoy conservada en la Galería de Arte Moderno del Palacio Pitti en Florencia: Maquiavelo, por entonces con veinticinco años de edad y, por lo tanto, aún lejos de cualquier cargo público, aparece en ella (en un entorno cancilleresco claramente anacrónico) dando reveladoramente la espalda al rey francés, mientras le rodean Pier Capponi, Francesco Valori y Savonarola.

De 1864 es la gran tela de Federico Faruffini (1833-1869) que documenta el encuentro en Ímola, en 1502, entre César Borgia y el Secretario, entablando una conversación que parecería muy amigable a juzgar por las poses informales de los dos. En 1867, la tela fue presentada y premiada en la exposición universal de París y actualmente se conserva en los Museos Cívicos de Pavía.

Desde el punto de vista iconográfico, el testimonio más interesante del período del *Risorgimento* está representado por un Maquiavelo sentado en un escritorio, realizado en 1894 por Stefano Ussi (1822-1901) y que se basa, en lo que respecta al rostro y la vestimenta del Secretario, en el de Santi di Tito. Este cuadro se encuentra actualmente en Roma en la Galería Nacional de Arte Moderno y Contemporáneo (ver Figura 15).

El pintor romano Francesco Grandi (1831-1891), según Tommasini, "lo retrató [a Maquiavelo] en la cárcel, meditando sobre el libro *De Principatibus*",[50] pero de esta obra no hemos podido encontrar ninguna pista o documentación.

Por último, debe considerarse un cuadro mediocre, académico, *La muerte de Nicolás Maquiavelo*, realizado en 1860 por Amos Cassioli (1832-1891), y hoy conservado en la Collezione Società di Esecutori di Pie Disposizioni, en Siena, y descubierto por los comisarios de la exposición sobre *El Príncipe* organizada por el Instituto para la Enciclopedia italiana[51] en Roma en la primavera de 2013. Reproduce una temática recurrente en algunas estampas populares contemporáneas: un Maquiavelo que exhala mientras recibe los sacramentos; representación que evidentemente responde a la necesidad de

---

50. Ridolfi, *op. cit.* p. 75.
51. Cfr. Campi, *op. cit.* p. 378.

cristianizar su imagen pública a medida que su nombre se incorporaba, en el papel de precursor y profeta de la Italia unificada, al panteón político-literario nacional.[52]

Durante el siglo XX y hasta la actualidad, la iconografía maquiaveliana ha experimentado una explosión incontrolada repitiendo antiguos *clichés*. Sus retratos históricos, cuando no se han reproducido fielmente, han sido objeto de reelaboraciones y reinterpretaciones más o menos creativas que han terminado por abarcar –más allá del tradicional ámbito editorial– todas las formas expresivas típicas de la cultura de masas: desde la publicidad hasta los cómics, desde la literatura de entretenimiento hasta las figuritas de colección, desde los juegos de mesa hasta los videojuegos, desde el *merchandising* hasta la filatelia. No se conocen, en cambio, artistas de renombre que, en nuestra época contemporánea, hayan probado, de manera mínimamente original e innovadora, trabajar con la imagen de Maquiavelo.

Una de las pocas excepciones es el intenso retrato realizado en 1935 por William Montersen (1897-1965): una fotografía de estudio reelaborada con el fin de crear un efecto pictórico de estilo hiperrealista (ver Figura 16). La expresión del modelo, envuelto en un traje de estilo renacentista bastante fantasioso, es de desprecio e irreverencia, maliciosa pero sin ningún trasfondo de maldad; impresiona especialmente la mirada, oblicua y astuta, intensa aunque vagamente distraída.[53] Pero se trata de un caso casi único de

---

52. A partir de nuestras investigaciones, en Italia y en el exterior, han surgido nuevos retratos maquiavelianos realizados durante el siglo XIX. Para limitarnos a las pinturas, de 1835 (todavía al día de hoy sin conocer el autor) es el Maquiavelo barbudo modelado sobre la base españolizada publicada por primera vez en 1796; de 1873 la pintura firmada por Antonio Puccinelli (1822-1897) que retrata al Florentino de cuerpo entero mientras medita en su estudio; de 1866 es el Maquiavelo reunido con Borgia realizado por Orfeo Orfei (1836-1915); de 1842 aproximadamente, es el Maquiavelo moribundo de Pietro Racchetti (1809-1853). Se trata de obras que serán analizadas en detalle en el trabajo sobre la iconografía del Florentino del cual este capítulo representa una suerte de introducción o resumen.

53. Para un análisis detallado de esta foto, y de la actividad general como "retratista" de Mortensen, cfr. Gaillarbois (2023) "Une *picture* de Machiavel. William Mortensen: un cas de machiavélisme photographique", en Campi (ed.) *op. cit.* pp. 101-145.

retrato maquiaveliano contemporáneo. En nuestra era de la reproducción mecánica del arte, en todas sus formas y expresiones posibles, ha faltado el impulso imaginativo y creativo que en el pasado llevó a numerosos artistas y dibujantes a aventurarse con Maquiavelo y a inventar, como hemos visto, retratos muy diferentes entre sí.

Un Maquiavelo inédito

La investigación, también en el ámbito del arte, no deja, por suerte, de ofrecer sorpresas. En 2013, salió a la luz un retrato inédito de Maquiavelo que, aunque seguramente deudor de la tradición gioviana, parece innovarla en algunos puntos significativos (ver Figura 17).

Se trata de una tabla de madera de pequeño formato, de un retrato de estudio descubierto en el mercado de anticuarios de Estados Unidos y adquirido por un coleccionista italiano. De los apuntes notariales presentes en el dorso de la pintura, se desprende que a finales del siglo XIX formó parte de una colección ubicada en Gran Bretaña y podría haber sido adquirido por el último propietario, un alto oficial del ejército estadounidense destinado en Bruselas, que lo compró en un anticuario belga en los años sesenta o setenta del siglo pasado. Pero cómo y cuándo salió de Italia y qué recorrido hizo antes de regresar sigue siendo un misterio. De escuela florentina, la pintura –con la inscripción, en la parte superior derecha, 'NICO-LAUS MACHIAVELLV(S)'– muestra una pincelada firme y elegante, de trazos nítidos. Los colores, tras una cuidadosa restauración, hacen resaltar la expresión y las formas del rostro. Maquiavelo se muestra de perfil con traje de canciller, con un sombrero que esconde una cabellera para nada escasa. La semejanza con el retrato de Stimmer (ver Figura 8), en el que el pintor seguramente se inspiró, es evidente. Aquello que sorprende –respecto a otras pinturas derivadas de esta misma matriz– es la falta de intención caracterial o caricaturesca. La boca es pequeña y agraciada, la nariz ligeramente aguileña, el ojo suave y apenas sobresalido, las mejillas rellenas y rosadas. Hay en la expresión un rasgo de bondad y sencillez que parece invertir el estilo maligno y astuto, casi de bestiario, de cierta, y perdurable, tradición figurativa. Tampoco es este el verdadero Maquiavelo, pero al menos estamos lejos de antiguos y arraigados estereotipos: si el retrato no es maquiaveliano, por suerte tampoco es banalmente maquiavélico.

La pintura fue atribuida por el historiador del arte Claudio Strinati, en base a elementos meramente estilísticos, a la escuela de Vasari, en particular a la mano de Pedro Rubiales, conocido como Roviale Spagnolo (1511 *ca.*-1582 *ca.*), que fue colaborador del autor de las *Vite* cuando a este último, en 1546, le encargaron, por orden del cardenal Alessandro Farnese, la decoración de la Sala del piso noble del Palacio de la Cancillería de Roma (hoy conocida como *Sala dei cento giorni*). Según Strinati, el perfil de Maquiavelo se corresponde cronológicamente con "el lapso de tiempo que va desde la finalización de los trabajos en la Cancillería al año sucesivo, cuando cae el vigésimo aniversario de la muerte del Secretario"[54] y, por lo tanto, aunque *post mortem*, podría considerarse el primer retrato dedicado a este último. Esto lo convertiría, de ser cierta esa fecha, en el prototipo potencial del retrato de análoga configuración encargado por Giovio para su colección y que luego grabaría Stimmer. Desde el punto de vista tanto artístico como cronológico, la reconstrucción realizada por Strinati parece, aunque atractiva, forzada en varios aspectos y, por tanto, difícil de aceptar desde el punto de vista histórico-crítico. Más realista resulta datar la obra en las primeras dos décadas del siglo XVI, y considerar que tuvo como modelo el retrato gioviano. La pintura, más que un trabajo solitario, podría haber formado parte de una galería de *hombres ilustres* realizada –siguiendo el ejemplo de Giovio– para la biblioteca de algún noble o poderoso, como era habitual en aquella época.

54. Strinati, C. (2014: 345) *Il volto sconosciuto di Niccolò, in Guerra, arti e potere nell'Umbria del Rinascimento* (A. Campi; E. Irace; F. F. Mancini; M. Tarantino, eds.). Perugia. Aguaplano.

Maquiavelo y Leonardo: un inútil golpe de teatro[55]

Imaginemos la escena ocurrida el 25 de septiembre de 2019. Estamos en el castillo de Valençay, departamento francés del Indre, donde una vez vivió el príncipe de Talleyrand. Un aclamado filósofo francés, Michel Onfray, acude, invitado por la directora Sylvie Giroux. La ocasión es de esas que podrían pasar a la historia: no pueden faltar cámaras y fotógrafos.

Poco tiempo antes, en los almacenes del castillo, se encontró una tabla pintada al óleo de 42 por 55 centímetros. Representa a un hombre de perfil sobre un fondo oscuro: cabeza calva, barba en punta, cuello blanco que sobresale de un vestido negro (ver Figura 18). Según un documento descubierto durante una reciente revisión del archivo, fechado en 1874 y redactado por Léon Chevrier, por entonces contable del castillo, el hombre retratado sería Nicolás Maquiavelo y el autor del cuadro, Leonardo da Vinci.

Onfray, quien acababa de publicar un libro titulado *Le Crocodile d'Aristote*, una historia de la filosofía a través de la pintura (donde dedicó un capítulo al Maquiavelo realizado por Santi di Tito y ya anticipó la posibilidad de este sorprendente descubrimiento),[56] está allí para certificar la autenticidad de la obra y, sobre todo, para confirmar la identidad de su autor. Toma la tabla en sus manos con emoción. La examina de cerca. En la mirada del hombre pintado ve "*une incandescence glaciale. Un feu de gel. Un froid de braise*".[57] No puede ser otro que el autor de *El Príncipe*. En cuanto a que el artista sea Leonardo, nada más seguro. ¿No se conocieron acaso? Un genio que pinta a otro, ¿qué tiene de extraño?

El descubrimiento, sin duda sensacional, queda así avalado con autoridad después de que la directora del museo ya lo hubiera anticipado.[58] La noticia

55. En este apartado retomo, con algunos cortes y cambios, mi artículo "Il dipinto di Leonardo? Ipotesi machiavellica", en *Il Messaggero*, 1° noviembre 2019.
56. Cfr. Onfray, *op. cit.* pp. 94-103.
57. *Ibid* p. 101.
58. Gérardot, A. (2019) "Léonard, Machiavel et Talleyrand. Un portrait de Nicolas Machiavel par Léonard de Vinci au château de Valençay", en *Les Cahiers de Valençay*, n. 5, pp. 3-14.

se difunde inmediatamente. Celebrándose el quinto centenario de la muerte de Leonardo aparece de la nada una obra inédita, ¡y qué personaje retrata! El circo mediático no podía desear más.

Naturalmente, se trata de un error (¿intencionado?). El personaje representado en la pintura es, con casi toda certeza, Michel de Montaigne (1533-1592), quien con esas características aparece en muchas de sus representaciones que han llegado hasta nosotros. La similitud, por ejemplo, con la atribuida a François Quesnel (1543-1619) es bastante evidente (ver Figura 19). Y toda vez que Leonardo murió en 1519, nadie podrá pensar que retrató a Montaigne desde el más allá.

El que no se trate de Maquiavelo, lo indica la tradición iconográfica asociada a su nombre, la cual, más allá de sus variaciones, no presenta ninguna imagen que se asemeje ni tan siquiera remotamente al retrato de Valençay, que, de representar al Florentino, sería un *unicum*. En realidad, como hemos tratado de argumentar en estas páginas, retratos en vida del autor de *El Príncipe* no existen, y por la sencilla razón de que el Maquiavelo vivo no fue el Maquiavelo de la posteridad: el genial autor de obras inmortales, el iniciador del pensamiento político moderno. Noble de muy bajo rango, funcionario de la Señoría siempre en aprietos económicos, políticamente derrotado después del regreso de los Medici al poder, apreciado como literato y escritor político por un círculo muy reducido, ¿por qué motivo Leonardo –artista a sueldo que solía trabajar para reyes y príncipes– debería haber puesto su genialidad como retratista al servicio de un personaje que no tenía ninguna relevancia en aquella época? Y lo que vale para Leonardo vale para todos los artistas que trabajaban en Florencia en ese momento: no se inmortaliza a quien no tiene fama y, menos aún, a quien no tiene dinero para pagar un encargo de semejante prestigio.

Por lo tanto, no es casualidad que las imágenes de Maquiavelo que conocemos sean todas póstumas y no tengan, por muy diferentes que sean entre sí, parentesco alguno con el "peludo" encontrado en Valençay. Existe, en efecto, como hemos visto, una familia de retratos que presenta a un Maquiavelo barbudo y vestido con trajes de tipo español, pero se trata de una representación imaginaria de finales del siglo XVIII: aquella que hace de portada al primer tomo de las *Obras* de Maquiavelo publicadas en 1796-97 por el editor livornés Gaetano Poggiali (ver Figura 11), el cual, con propósitos comerciales, se inventó una falsa procedencia, afirmando en la introducción que el grabado copiaba un retrato del Florentino realizado por Bronzino cuyo original poseía –y que nadie ha visto nunca, simplemente porque nunca existió.

Pero, cabría objetar, Maquiavelo y Leonardo efectivamente se cruzaron en vida. Es muy probable, pero faltan pruebas y testimonios, que no sean indirectos ni circunstanciales. Tal vez estuvieron juntos en junio de 1502 en la Urbino ocupada por César Borgia. Tal vez Maquiavelo estuvo presente cuando en mayo de 1504 Leonardo firmó con la Señoría el segundo contrato para la realización, en el Salón de los Quinientos, de la *Battaglia di Anghiari*. Pero coincidir no implica conocerse y apreciarse.[59] Más interesante resulta la afinidad espiritual e intelectual entre ambos –experimentadores, empíricos, observadores del mundo real pero al mismo tiempo visionarios y dotados de gran imaginación, en resumen, personalidades eclécticas, perfectas encarnaciones del Renacimiento italiano.[60] Pero una afinidad no implica que tuvieran una relación directa.

En toda la obra de Maquiavelo, aun suponiendo que se hayan encontrado y conocido, no hay ningún guiño a Leonardo, lo que indica que el relato de su hipotético encuentro se sitúa en un terreno diferente al meramente biográfico. Su nombre aparece sólo una vez (indirectamente) en una carta

59. *Vexata quaestio* aquella relativa al encuentro entre ellos dos. Quien recientemente ha abordado el tema con mayor rigor (también con mayor sagacidad en el plano crítico-interpretativo) es el historiador francés Boucheron, P. (2008) *Leonardo e Machiavelli. Vite incrociate*. Roma. Viella.

60. Sobre esto, remito a los valiosos y numerosos estudios de Versiero, M. Entre los cuales me limito a citar los siguientes: (2004) "Metafore zoomorfe e dissimulazione della duplicità. La politica delle immagini in Niccolò Machiavelli e Leonardo da Vinci", en *Studi Filosofici*, XXVII, pp. 101-125 / (2007) "'Il Duca [ha] perso lo Stato...' Niccolò Machiavelli, Leonardo da Vinci e l'idea di Stato", en *Filosofia politica*, n. 21, pp. 85-105 / (2008) "Dall'eternità del mondo al governo delle città: Leonardo da Vinci, dopo Machiavelli", en L. Bianchi, A. Postigliola (ed.s) *Dopo Machiavelli/Après Machiavel*. Nápoles. Liguori.

dirigida a él mientras se encontraba en Roma, en casa de Luca Ugolini, el 11 de noviembre de 1503: al felicitarlo por el nacimiento de su hijo Bernardo, Ugolini lo complace escribiendo que el niño se parece a él, "como dos gotas de agua". Y agrega: "Leonardo da Vinci no lo habría retratado mejor",[61] lo que sólo nos habla de la fama de retratista sublime de que gozaba este último en la Florencia de la época. Y precisamente por esto su arte estaba fuera del alcance económico de un funcionario gubernamental de la época que ni siquiera era muy apreciado por los exponentes más destacados de la oligarquía florentina.

Quizás, algún día, partiendo de estas palabras, algún bromista o amigo del escándalo descubra el retrato que Leonardo, no habiéndolo hecho al padre, hizo del hijo recién nacido de Maquiavelo. Se abre la veda... en la búsqueda del verdadero y auténtico Maquiavelo que tal vez nunca encontraremos, sabiendo también que para las fábulas, no sólo las políticas también las histórico-artísticas, siempre habrá un público crédulo.

---

61. Machiavelli, N. (1999: 86) *Opere* (C. Vivanti ed.), 3 voll. Turín. Einaudi.

Fig. 9. Anónimo, *Retrato de Maquiavelo*,
in N. Machiavelli, *Libro dell'arte della guerra*, Comin da Trino,
Venecia, 1540

Un (falso) retrato de Maquiavelo

y los orígenes del antimaquiavelismo iconográfico: nacimiento, suerte y difusión de la "Testina"

La primera imagen de Maquiavelo

Uno de los perfiles más famosos de Maquiavelo, que incluso a día de hoy se reproduce en impresos y libros, ya no tenido por auténtico y veraz pero aún así valorado con cierta credibilidad por el modo en que estiliza sus rasgos, mezclando fría inteligencia (acentuada por la frente amplia y la cabeza semicalva) y ambigüedad de carácter (atributo que parece derivarse de su mirada penetrante), es sin duda aquel utilizado por primera vez en la frontispicio de una colección de cuatro volúmenes de las obras del Secretario publicadas en Venecia en el 1540-41 por el editor de origen piamontés Comin –abreviación de Giacomino o, tal vez, Cosimino– da Trino (ver Figura 9).

Por lo que se sabe, esta es también la primera imagen pública de Maquiavelo, o al menos atribuible a él, que apareció y se difundió cuando su recuerdo aún podía considerarse fresco, ya que personas que lo habían conocido o visto en persona aún estaban vivas. Esto podría explicar el carácter de verosimilitud que, a tenor de estas circunstancias temporales, se atribuyó durante mucho tiempo a esta imagen.

Estamos, de hecho, a poco más de una década de la muerte de Maquiavelo, ocurrida en 1527. Las primeras versiones impresas de sus escritos más célebres aparecieron póstumamente entre 1531 y 1532, gracias a la iniciativa de Giovanni Gaddi y su círculo de literatos, como así también al afán del editor romano Antonio Blado y del editor florentino Bernardo di Giunta. Pero la fuerte demanda de sus obras pronto estimulará también a numerosos impresores-tipógrafos, en algunos casos verdaderas dinastías empresariales, que operaban desde Venecia.

Entre los más emprendedores –para limitarnos a aquellos que vincularán de modo significativo su sello editorial al nombre del Florentino–[1] se encuentran personajes como Giovanni Antonio Nicolini da Sabbio,[2] que publica una edición de los *Discursos* ya en 1532; Melchiorre Sessa,[3] con su famosa marca de un gato que muerde a un ratón, también editor de los *Discursos* en 1534; Bartolomeo Zanetti,[4] que aprendió el arte tipográfico en Florencia para luego abrir una imprenta en Venecia con sus hijos Camillo y Cristoforo (su edición de los *Discursos* es de 1537); Gabriel Giolito de' Ferrari,[5] miembro de una familia que llegó a la Serenissima desde el Monferrato, posiblemente emparentado con Comin, ya que Trino, en el Vercellese, es la ciudad de origen común (en 1550 imprime los *Discursos* y *El Príncipe*, en 1551 *El arte de la guerra* y la *Historia*); la dupla formada por Maffeo Pasini y Francesco Bindoni, quienes en 1537 publican tanto la *Historia* como *La Mandrágora*); Domenico Giglio,[6] quien en 1554 reimprime con su marca los volúmenes maquiavelianos publicados cuatro años antes por Giolito; y, finalmente, los herederos del famoso Aldo Manuzio (1452?-1515).[7]

1. Sobre la suerte editorial de Maquiavelo en Venecia, cfr. Quaglio, A. E. (1969) "Indicazioni sulla fortuna editoriale di Machiavelli nel Veneto", en *Lettere italiane*, XXI, n. 4, pp. 399-424.

2. Sandal, E. (editor, 2002) *Il mestier de le stamperie de i libri. Le vicende e i percorsi dei tipografi di Sabbio Chiese tra Cinque e Seicento e l'opera dei Nicolini*. Brescia. Grafo (fueron publicados los anales tipográficos desde 1521 hasta 1551, editados por L. Carpanè).

3. Cfr. Curi Nicolardi, S. (2019) *Melchiorre Sessa tipografo ed editore* (Venecia, 1506-1555). Milán-Údine. Mimesis.

4. Castellani, G. (2006) *Bartolomeo Zanetti: un tipografo per tutte le stagioni*. Florencia. L.S. Olschki.

5. Cfr. Dondi, G. (1968) "Una famiglia di editori a mezzo il secolo 16: i Giolito, en *Atti della Accademia delle Scienze di Torino, II. Classe di Scienze morali, storiche e filologiche*, n. 102, pp. 583-709. / Choppens, Ch.; Novo, A. (2005) I Giolito e la stampa bell'Italia del XVI secolo. Ginebra. Droz.

6. Sobre la actividad de imprenta de Pasini, Bindoni y Giglio cfr. la célebre obra Pastorello, E. (1924) *Tipografi, editori, librai a Venezia nel secolo XVI*. Florencia. L.S. Olschki.

7. Sobre Aldo y la dinastía de los Manuzio, cfr. Lowry, M. (1984) *Il mondo di Aldo*

Son precisamente estos últimos –en particular Paolo, tras asumir el control de la empresa después de un largo litigio legal con la rama materna de la familia– quienes incluirán en 1540 en su catálogo toda la producción histórico-política de Maquiavelo en cuatro volúmenes. La edición *aldina* –que incluye, en orden, *El arte de la guerra*, los *Discursos*, la *Historia de Florencia*, *El Príncipe* y, junto con este último trabajo, los tres textos menores ya incluidos en la impresión giuntina de 1532 (*La vida de Castruccio Castracani*, *Il modo che tenne il duca Valentino* y *Retrato de la corte de Alemania y de Francia*)– es el primer intento de presentar a los lectores una colección sistemática, aunque no completa, del corpus maquiavélico. Intento muy original, que fue bien recibido por el público e inmediatamente imitado por otros tipógrafos-editores, entre los cuales, precisamente, Comin da Trino. Sin embargo, la iniciativa de este último, al realizarse justo después de la colección publicada con la mítica marca del ancla aldina y copiando su planteamiento editorial (sólo difiere la secuencia de publicación de los volúmenes),[8] no tuvo el éxito comercial esperado. Tanto es así que las muchas copias que quedaron sin vender en los almacenes se pusieron nuevamente en el mercado en 1554-55, según un procedimiento muy común en aquella época: modificando tan sólo el primer cuadernillo de cada volumen y dejando la fecha original de impresión.

El grabado xilográfico del retrato que nos interesa aparece en los cuatro tomos de la primera edición.[9] Situado entre las iniciales N. y M., se puede

Manuzio. Affari e cultura nella Venezia del Rinascimento. Roma. Il Veltro. / Davies, M.; Harris, N. (2019) *Aldo Manuzio. L'uomo, l'editore, il mito*. Roma. Carocci. / Marzo Magno, A. (2020) *L'inventore di libri. Aldo Manuzio, Venezia e il suo tempo*. Roma-Bari. Laterza.

8. En noviembre de 1540 se publican los *Discursos* (momento en que aparece por primera vez en la historia un retrato que presenta, supuestamente, a Maquiavelo). En 1541, salen sucesivamente la *Historia de Florencia*, *El arte de la guerra* y *El Príncipe*.

9. En el ensayo de Firpo, M. (2012 [publicado en 2014]) "Il volto, la maschera, la caricatura. Sulla celebre 'Testina' di Niccolò Machiavelli", en *Rinascimento*, vol. 52, pp. 37-58; donde afirma -p. 39-, euivocadamente, que el retrato de Maquiavelo aparece sólo en tres de los cuatros volúmenes impresos por Comin da Trino, y no así en el *Libro del arte de la guerra* publicado en 1541. La imagen aquí reproducida lo atestigua.

ver –según la descripción proporcionada por Massimo Firpo– "el busto de
tres cuartos y girado hacia la derecha de un hombre [...] vestido con un
lucco, con la cabeza marcada por una acentuada calvicie y una llamativa
nariz aguileña, que sostiene con una mano un gran volumen y dirige hacia
el espectador una mirada penetrante, desprovista de toda ironía y sin suavizar con sonrisa alguna".[10]

La imagen es efectivamente inquietante. A primera vista, parecería tratarse del retrato de un erudito, literato o escritor de temas políticos, avanzado
en años o, en cualquier caso, en la etapa madura de su vida. A bote pronto,
el libro entre las manos y la ropa de estilo cancillerescos son los detalles que
más destacan y que indican solemnidad en la pose. Pero al mirarlo detenidamente, lo que más llama la atención son otros elementos: la expresión
decididamente de hastío de la mirada (que parece dirigirse hacia el obser-
vador de manera oblicua e interrogativa); el rostro redondeado que, en
lugar de transmitir confianza y serenidad, transmite cierta inquietud; la
nariz de forma muy acentuada y en punta; la boca cerrada; los pelos desor-
denados, erizados y ralos que enmarcan una frente amplia que a su vez
parece denotar una mezcla de agudeza intelectual y de perfidia poco disi-
mulada.

Parece realmente una imagen elegida para certificar la mala reputación de
la que el autor ya gozaba en esa época y que sería alimentada en los siglos
subsiguientes por una amplia publicidad literaria: se la podría definir como
"una verdadera metáfora visual de la abierta falta de escrúpulos del impío
secretario florentino, de su maldad, de su corrupción moral, de su impiedad".[11] Si bien, por un lado, el retrato se presenta en un contexto destinado
a promover su producción intelectual en una edición minuciosa de sus
escritos, por otro lado, parece una advertencia –o una verdadera toma de
distancias– del contenido de dicha producción. Maquiavelo se vende en el
mercado y es muy buscado por los lectores, pero para los editores quizás sea
prudente distanciarse de su pensamiento, sobre el cual, si bien aún no ha

10. *Ibid.* p. 40.
11. *Ibid.*

caído la condena inquisitorial, se vienen acumulando críticas y reservas. Sin contar los rumores y las insinuaciones, al borde de la calumnia, que han acompañado, cabría decir, desde siempre a Maquiavelo y que en gran medida se remontan a los años de su compromiso político en la Florencia republicana.[12]

Por todas estas razones, este pequeño y desgarbado busto masculino, de factura burda y de escasa calidad desde el punto de vista artístico-iconográfico, aunque no se ajuste a las verdaderas facciones del Florentino, puede al menos considerarse cercano a su auténtico perfil psicológico e intelectual. Esto explicaría también su inmediata y exitosa difusión editorial, sobre todo fuera de las fronteras italianas. Especialmente en Francia, donde la circulación-recepción de la obra maquiaveliana será muy temprana, como lo demuestran las copias que aún existen en las bibliotecas y, sobre todo, las diversas traducciones de los *Discursos*, del *El arte de la guerra* y de *El Príncipe*, que aparecen sucesivamente entre 1544 y 1553: pruebas de una suerte literaria y editorial que perdurará a lo largo de los siglos.[13]

Justo en 1544, apenas cuatro años después de la edición de Comin da Trino, el retrato en cuestión es retomado, rodeado de un llamativo marco de decoraciones florales con las iniciales N. y M. a ambos lados, en la versión francesa del Libro primero de los *Discursos* impresa por el tipógrafo y librero Denis Janot;[14] versión que será reproducida, xilografía incluida, cuatro años después, siempre en París, por la imprenta de Estienne Groulleau. Esta

12. Cfr. Campi, A. "La fortuna de Maquiavelo en la cultura literaria y la política occidental" en *Machiavelli* (E. Cutinelli Rendina y R. Ruggiero, eds.), Roma, Carocci.

13. Cfr. Del Corso, N. (1994) *Le traduzioni del 'Principe' di Machiavelli in Francia nel XVI secolo*. Padova. Cooperativa Alfasessanta. / Anglo, S. (2005) *Machiavelli-The First Century. Studies in Enthusiasm, Hostility, and Irrelevance*. Oxford. Oxford University Press. / Bianchi Bensimon, N. (2013) "'Il Principe' di Machiavelli nella Francia del XVI secolo", en *'Il Principe' di Niccolò Machiavelli e il suo tempo. 1513-2013*, (editado por Campi, A.). Roma. Treccani. / Zancarni, J. C. (2015) "'Et favellar francese non gli spiace'. Sulle traduzioni francesi del 'Principe': XVI-XVII secolo, in *Machiavelli Cinquecento: mezzo millennio del 'Principe'"*, (editado por Anselmi, G. M.; Caporali, R.; Galli, C.). Milán. Mimesis.

14. Cfr. Rawles, S. (2018) *Denis Janot (fl.1529-1544), Parisian Printer and Bookseller. A Bibliography*. Leiden-Boston. Brill.

última edición es la misma que, también en 1548, por cuenta del librero-
editor Jan Longis, presentará la traducción francesa, a cargo de Jacques
Gohory, junto con el Segundo y Tercer libros de los *Discursos*.[15] En esta edición encontramos, siempre pomposamente enmarcada y con las iniciales
del nombre, la imagen aguileña y despeinada de Maquiavelo. Imagen que
será nuevamente utilizada, sin ninguna variación gráfica, en la reimpresión
de los *Discursos* publicada en 1559 por la *boutique* tipográfica de Estienne
Groulleau por cuenta de los editores Jean Longis y Vincent Sertenas (aunque existe una variante del mismo año a nombre de Jean Longis y Robert le
Mangnier); en la nueva edición de los *Discursos* aparecida en 1571 con la
traducción (revisada y aumentada) de Gohory por cuenta del editor Robert
le Mangnier (pero ya sin las iniciales a los lados de la imagen); y, finalmente, también en 1571 y con la misma versión del retrato, por así decirlo, anónima, en la nueva traducción del *El Príncipe* también a cargo de Gohory y
nuevamente publicada por Robert le Mangnier (ver Figura 20).

Pocos años después, la atención crítico-editorial hacia Maquiavelo conocerá en Francia una brusca interrupción ante el recrudecimiento de las
luchas entre católicos y calvinistas y, más específicamente, con la publicación en Ginebra en 1576 –cuatro años después de la masacre de San
Bartolomé– del *Anti-Machiavel*[16] del polemista hugonote Innocent Gentillet
(cuyo nombre, sin embargo, nunca aparece en el texto). Una obra destinada
a tener una amplia circulación, gracias a distintas versiones rápidamente

15. Cfr. Gorris Camos, R. (2008) "Dans le labyrinthe de Gohory, lecteur et traducteur de
Machiavel", en *Laboratoire italien*, pp. 195-229. / Balmas, E. (1972) "Jacques Gohory
traduttore di Machiavelli", en *Laboratoire italien, Studi Machiavelliani*, Facoltà di
Economia e Commercio dell'Università di Verona, pp. 1-52.
16. Con esta abreviación, es como suele citarse esta obra. Su título completo es el
siguiente: *Discours sur les moyens de bien gouverner et maintenir en bonne paix un
Royaume ou autre Principauté... contre Nicolas Machiavel Florentin*. Sobre el contexto político-propagandístico en el que la obra se inserta puede verse, aúne hoy, las
páginas de Salvo Mastellone dedicadas a los orígenes del antimaquiavelismo en
Francia. Cfr. Mastellone, S. (1969) "*Aspetti dell'antimachiavellismo in Francia:
Gentillet e Languet, in Machiavellismo e antimachiavellici nel Cinquecento*", en *Atti del
Convegno di Perugia, 30 settembre-1° ottobre 1969 (fascículo especial de Il pensiero
politico)*, II, n. 3, pp. 48-87.

difundidas en otros idiomas,[17] en la cual las tesis y máximas maquiavelianas son utilizadas como blanco de la polémica y objeto de propaganda mediante el cual, con el pretexto del conflicto religioso, alimentar el contraste ideológico entre el absolutismo monárquico y la gran aristocracia feudal francesa que veía en el monarca sólo el *primus inter pares*. Un contraste cuya traducción político-propagandística se cifrará en el odio mortal manifestado por los hugonotes contra Caterina de Medici, regente del trono de Francia desde 1560, y su corte de "Italianos" usurpadores. En su *pamphlet*, Gentillet los define como "athéistes inventeurs d'imposts". La acusación formulada contra ellos es doble: por un lado, de seguir y difundir las impías doctrinas maquiavelianas; por otro lado, de llevar a cabo una política fiscal voraz contra el pueblo francés y sus legítimos (desde el punto de vista de Gentillet) representantes nobiliarios. Los métodos violentos e intolerantes de Caterina de Medici, que desembocaron en las masacres contra la minoría protestante, se denuncian, al filo de una rabiosa italofobia, como el fruto de la mala influencia del pensamiento del Florentino en la regente y sus consejeros "extranjeros". Maquiavelo, en realidad, había aconsejado a los gobernantes no atentar contra los bienes de los súbditos para no estimular su resentimiento (*El Príncipe*, XVII), pero en el fragor de las guerras civiles religiosas, esta advertencia parece haberse convertido en su contrario, sobre todo a ojos de quien eligió interpretar su pensamiento de manera instrumental y polémica. En el lenguaje de la época, "maquiavelistas" (o también "papistas") son los "Florentinos" acusados de saqueos y robos contra el pueblo francés. El término se convierte en sinónimo de impiedad, pero sobre todo de crueldad, mala fe y avaricia: exactamente los rasgos fisonómicos negativos que, sin demasiada imaginación, se podían deducir de la observación del notorio (y muy conocido en Francia, a tenor de su amplio uso tipográfico en las tres décadas precedentes) retrato maquiaveliano.

17. Entre 1576 y 1655 se cuentan veinticuatro ediciones de la obra. Además de en francés (siete ediciones reimpresas entre 1577 y 1584) se publicó en latín, alemán, neerlandés e inglés. Cfr. Anglo, *op. cit.* p. 324.

La falsa datación de las obras completas de Maquiavelo

Un retrato que, por lo tanto, muy difundido durante la segunda mitad del siglo XVI y que conocerá su consagración histórico-editorial sólo a principios del siglo XVII, cuando, sin las iniciales del nombre y sobre un grabado ligeramente distinto al original, sea utilizado nuevamente como frontispicio de una versión muy popular de *Tutte le opere* de Maquiavelo que, precisamente por esta imagen, llevará el nombre de *Testina*, con el que aún hoy se la conoce no sólo entre los bibliófilos y coleccionistas (ver Figura 21).

Impresa de forma anónima, sin indicar el lugar ni el responsable, esta edición –que reviste una importancia fundamental en la historia de la suerte editorial de Maquiavelo al ser el primer intento de presentar en un único volumen toda obra hasta ese momento conocida–[18] figura como año de publicación 1550. Sin embargo, se trata de un ardid comercial que, en la intención de los editores anónimos, tenía como objetivo eludir la condena eclesiástica que pesaba sobre Maquiavelo. Acusado ya en 1552 por el dominico Ambrogio Catarino (*Enarrationes*) de haber fundado el poder sobre una falsa adhesión a las enseñanzas religiosas, Maquiavelo se habría convertido en un modelo para los "nuevos herejes" que luchaban contra la Iglesia de Roma, de ahí que, en 1557, sea incluido entre los autores "*condenados*" en el Índice romano promulgado por el Papa Pablo IV; decisión ratificada por el Índice definitivo de 1559 y por el tridentino de 1564. Se lo clasificó entre los "auctores quorum libri et scripta omnia prohibentur". Una condena que, por un lado, obligó a muchos de sus potenciales lectores, desafiando los rigores de las autoridades eclesiásticas, a conseguir sus obras clandestinamente (a menudo en las principales ciudades de la Europa reformada: Ginebra, Basilea, Francfort, Ámsterdam, Londres), y a sus comentadores, críticos o admiradores, a citarlo de forma anónima o indirecta, pero

---

18. Dividida en cinco partes, la obra que lleva la "Testina" incluye los siguientes escritos maquiavelianos: *Historia de Florencia* (primera parte); *El Príncipe*, la *Vida de Castruccio Castracani* y las obras políticas consideradas menores (segunda parte); los *Discursos* (tercera parte); *El arte de la guerra* (cuarta parte); *El asno de oro*, los *Capítulos*, los *Decennali*, *La mandrágora* y la *Clizia* (quinta y última parte).

por el otro, abrió el camino al ataque del mundo católico. Ataque devenido sistemático y organizado sobre todo a partir de los últimos años del siglo XVI, después de tres décadas en las que, a pesar del interdicto apostólico, se pensó en salvar la obra de Maquiavelo enmendándola y purgándola, o manteniéndola en circulación con la cláusula implícita de no nombrar nunca directamente al autor. De ahí el ardid, para favorecer su difusión y venta incluso en Italia, de retroceder la fecha al 1550, es decir, *antes* de la primera condena oficial de la Iglesia, iniciativa editorial que –según las investigaciones del filólogo y bibliógrafo Adolf Gerber, uno de los primeros en estudiar, a principios del siglo XX, de manera sistemática los manuscritos de los textos maquiavelianos y las ediciones impresas de sus obras de los siglos XVI y XVII presentes en las bibliotecas italianas y europeas–[19] parece haber sido realizada en torno a 1610-1619 en el área de Ginebra.[20] Aunque más recientemente, Nicole Bingen y, siguiendo a esta última, Piero Innocenti y Mariaelisa Rossi, han especulado –considerando el hecho que de la obra no existen "rastros en los catálogos y en los inventarios ginebrinos de la época"–[21] que la impresión de esta primera edición podría haber hecho en París,[22] en torno a los años 1615-1617.[23]

Seguramente ginebrinas son, en cambio, las cuatro reimpresiones de la exitosa colección de textos maquiavelianos aparecidas entre 1628 y 1660 (sin certeza sobre el año exacto de publicación de cada una de ellas),[24] reali-

---

19. Cfr. Gerber, A. (1962) *Niccolò Machiavelli: die Handschriften, Ausgaben und Übersetzungen seiner Werk im 16. Und 17. Jahrhundert.* Torino. Utet (se trata de la reproducción anastática del original sin fecha pero impreso en 1912-13, a cargo del autor, en Gotha y Múnich).

20. Cfr. Bonnant, G. (1965) "Les impressions genevoises au XVIIe siècle de l'édition dite 'Testina' des oeuvres de Machiavel", en *Annali della scuola speciale per archivisti e bibliotecari dell'Università di Roma*, n. 5, pp. 83-89.

21. Innocenti, P.; Rossi, M. (2016: 300) *Bibliografia delle edizioni di Niccolò Machiavelli: 1506-1914. II. 1605-1700. Istorico, comico e tragico.* Manziana, Roma. Vecchiarelli Editore.

22. Cfr. Bingen, N. (1994) *Repertoire des ouvrages en langue italienne publies dans les pays de langue Française de 1500 à 1660.* Ginebra. Librairie Droz.

23. Por las razones históricas que sugieren una datación similar, cfr. *ibidem*.

24. Sergio Bertelli y Piero Innocenti, en su clásica (1979: 78-80) *Bibliografia machiavel-*

zadas por distintos editores e impresores: Pierre Aubert, Pierre y Samuel
Chouet, Jacques y Joseph Stoer. Aunque más correcto sería hablar de ediciones posteriores (y autónomas), dadas las diferencias de índole gráfico-
editorial, como así también de ilustraciones y adornos que las cinco versiones conocidas hasta hoy de la "Testina" presentan entre sí y que han contribuido a aumentar con el tiempo su valor como bibliográfico[25] (ver Figuras
22 y 23).

Lo que comparten estas ediciones, además del planteamiento editorial, es,
huelga decirlo, la reproducción de la imagen de Maquiavelo –una reproducción bastante fiel, con pequeñas diferencias, del original–, así como del
sello de madera tipográfico utilizado por primera vez por Comin da Trino,
evidentemente considerado tan expresivo en el plano iconográfico y tan fiable desde el punto de vista histórico-documental como para ser objeto de
un uso prolongado e insistente, prácticamente hasta nuestros días. Un uso
que, de hecho, recurrió a modificaciones y reconstrucciones que, aun
mejorándolo desde el punto de vista gráfico-estilístico respecto al prototipo
veneciano, apenas contribuyó a suavizar o matizar los rasgos gruñones y
vagamente sulfurosos del Florentino, entiendo que nunca fue tal la intención de los autores, casi siempre anónimos, de los sucesivos grabados, en los
cuales nos centraremos ahora.

liana. Verona. Edizioni Valdonega; proponen como fecha de publicación de las cinco
ediciones las siguientes: a) 1610-1619; b) 1628-32; c) 1635-36; d) 1635-46; e) 1655-70.
Propuesta aceptada y retomada por Firpo, *op. cit.* p.41. Más recientemente, Innocenti,
P.; Rossi, M., *op. cit.*, p. 299-313, han sugerido fechas ligeramente más estrechas, aunque siempre hipotética: a) ± 1615; b) ±1628; c) ±1635; d) ±1640; e) ±1660.
25. De la existencia cierta de cinco diversas versiones de la "Testina" -y relativas variantes tipográficas- ya había escrito el erudito Bartolommeo Gamba en su célebre trabajo bibliográfico aparecido en 1839: cfr. Gamba, B. (1839: 193-195) *Serie dei testi di lin-*
gua e di altre opere importanti nella italiana letteratura scritte dal secolo XIV al XIX,
4. ed. Venecia. Co' tipi del Gondoliere. / Para una precisa descripción de dichas ediciones (y de sus variantes, en algunos casos reconocibles sobre la base de simples
correcciones tipográficas luego de la tirada impresa), cfr. Innocenti; Rossi, *op. cit.* pp.
299-313. El gran éxito editorial de esta colección de los escritos de Maquiavelo hace
pensar que en las bibliotecas públicas o en las colecciones privadas todavía puedan
encontrarse ulteriores variantes de las ediciones principales.

Usos y variantes de la "Testina" en la edición europea

Una primera variante de la "Testina", cuyas novedades gráficas destacan fácilmente a simple vista aunque no posean un significado particular en su conjunto (el cabello, por ejemplo, parece menos espeso y más ondulado que en otras versiones), es la impresa, bajo la inscripción "Nicolaus Machiavellus Civis et Segretarius Florentinus", en una edición latina de la *Historiae florentinae* publicada en 1610 en Estrasburgo por Latzar Zetzner (ver Figura 24).

Considerando la fecha de impresión de la obra, este retrato, situado en el reverso de la portada del volumen, puede considerarse un paso intermedio entre el retrato de 1540-41 y el que luego aparecerá en la serie parisino-ginebrina de las cinco "Testine".

Mucho más interesantes son las modificaciones que pueden observarse en el retrato calcográfico que aparece en el primero de los dos tomos de *Les oeuvres de Machiavel* publicada en 1664 por la Compagnie des Libraires du Palais (ver Figura 25). La imagen, enmarcada por una corona de hojas, mantiene un aire ligeramente inquietante para el lector, que se sentirá escrutado a su vez, mientras también parece querer expresar una suerte de consagración literaria del autor, cuyo busto, de pose clasicista, severa y austera, como corresponde a un pensador de rango, aparece rodeado de hojas de roble, símbolo tradicional de grandeza, fuerza y triunfo. La imagen resulta innovadora en la medida en que reproduce especularmente la hasta entonces tradicional mirada de Maquiavelo, dirigiéndola de derecha a izquierda. También se distingue por tener a su pie una estrofa de cuatro versos que resume bien la ambivalente fama de que, por entonces, gozaba Maquiavelo:

C'est chés moy qu'on apprend l'art de faire la Guerre,
Je puis remplir le coeur des plus grands Potentats,
Je leur donne des Lois pour regir leur Estats,
Et sçay tout ce qu'on sçeu les Maistres de la Terre.

Maquiavelo era un pensador que arrastraba la reputación – certificada
por la condena eclesiástica– de ateo, traicionero y malvado pero al que se
podía reconocer el mérito de haber estudiado la realidad del poder sin hipo-
cresías y sin reservas morales. Detrás de esa mirada no exenta de melancolía
pero al mismo tiempo de una inteligencia severa parece esconderse la profunda sabiduría de alguien que ha revelado –potencialmente para el uso de
cualquiera: tanto poderosos como pueblo– las reglas del mando y los mis-
terios del arte militar.

La obra, como hemos dicho, es de 1664. Nos encontramos, por tanto, en
una fase de la historia del maquiavelismo, apenas superado el ecuador del
siglo XVII, en que la reprobación y las inhabilitaciones surgidas con la
Contrarreforma -y puestas progresivamente en discusión incluso dentro del
propio mundo católico, como demuestran los intentos de rehabilitación de
su pensamiento realizado por Kaspar Schoppe en las primeras dos décadas
del siglo–[26] están dejando cada vez más espacio, sobre todo fuera de Italia, a
interpretaciones de sus obras que, por un lado, tienden a enfatizar su capacidad de análisis político y su enfoque objetivo y científico del fenómeno del
poder, y, por otro, buscan desmentir el lugar común de un Maquiavelo pre-
ceptor o inspirador de los tiranos, y poner en evidencia su matriz ideológica republicana. Que Maquiavelo fuera "exclusivamente un tratadista de
ciencia política que como tal era estudiado y juzgado prescindiendo de con-
sideraciones de orden moral y religioso",[27] era, por ejemplo, la innovadora
convicción expresada por el alemán Hermann Conring en su comentario a
El Príncipe publicado en 1661 (*Hermanni Conringii animadeversiones poli-
ticae in Nicolai Machiavelli de Principe*). Aproximadamente en el mismo
período, en Inglaterra, Maquiavelo era presentado como un ferviente defen-

26. Cfr. D'Addio, M. (1962) *Il pensiero politico di Gaspare Scioppio e il machiavellismo
del Seicento*. Milano. Giuffrè. / Panichi, A. (2016) "Difendere Machiavelli per difendere la Chiesa. La 'Paedia Politices' di Kaspar Schoppe tra Controriforma e realismo
politico", en Innocenti, P.; Rossi, M. (2016) *Bibliografia delle edizioni di Niccolò
Machiavelli: 1506-1914. II. 1605-1700. Istorico, comico e tragico*. Manziana, Roma.
Vecchiarelli Editore.
27. Procacci, G. (1995: 261) *Machiavelli nella cultura europea dell'età moderna*. Roma-
Bari. Laterza.

sor del poder popular y como partidario de la tolerancia religiosa, por James Harrington y John Neville: el primero en las célebres páginas de *Oceana* (1656) y en varios pasajes de sus aforismos, el segundo recurriendo al recurso de una carta ficticiamente atribuida al propio Maquiavelo, incluida en una colección de sus obras completas publicada en Londres en 1675. Ambos, aunque siguiendo caminos autónomos, dieron forma a esa interpretación (aún hoy hegemónica, sobre todo y no casualmente, en los países de habla inglesa) que ve en el autor de *El Príncipe*, sobre todo, a un enemigo del poder absoluto y un defensor de las libertades republicanas.

No sorprende, por lo tanto, el "Nicolaus Machiavellus", severo y sereno, pero menos ceñudo en comparación con los retratos anteriores en los cuales se inspira, que aparece en 1714, significativamente, no dentro de una de sus obras impresas, sino como retrato conmemorativo abriendo un fascículo –el XXXVI– de la *Neue Bibliothec oder Nachricht und Urtheile von neuen Büchern* publicada, como lugar de edición oficial, en Francfort y Leipzig (ver Figura 26).

Esta vez, el retrato no es anónimo, como sí ocurre en todos los anteriores. Su autor es el famoso grabador Johann Georg Mentzel (1677-1743). El contexto en el que aparece es el de una publicación periódica que, en la Alemania de la época, representa las instancias del libertinismo erudito en su fase ya madura. Convertido en una corriente intelectual en cierto modo hegemónica, se considera a Maquiavelo como uno de los iniciadores del pensamiento anti-dogmático de corte científico-naturalista: merecedor, por tanto, de un homenaje explícito, después del largo olvido o de las tergiversaciones impuestas a su pensamiento por el confesionalismo religioso. En los fascículos inmediatamente anteriores y posteriores a aquel en el que aparece la imagen maquiaveliana, la revista celebra, con retratos siempre obra de Mentzel en portada de cada número, figuras como Savonarola (XXX); Petrus Ramus (XXXII), el lógico y humanista francés asesinado en la masacre de San Bartolomé; el naturalista Giulio Cesare Vanini (XXXXIV); Michel de l'Hospital (XXXV), defensor de la tolerancia religiosa y del diálogo entre católicos y protestantes; Michel de Montaigne (XXXVII); Giordano Bruno (XXXVIII); Tommaso Campanella (XXXIX) o el químico, médico y

físico alemán Georgius Ernestus Stahl (XLIV). La inclusión del Florentino
en este panteón proto-ilustrado muestra cuan radicalmente ha cambiado,
en el mundo literario europeo y también italiano, la percepción y la evalua-
ción de su obra; para limitarse al área alemana –importante para la recep-
ción/destino maquiaveliano ya que ahí, en 1586, apareció por primera vez
el término "Machiavellismus" para indicar una posición doctrinal basada en
la impiedad religiosa y la doble moral–,[28] destacan, por su relevancia documental e histórico-crítico, los tres libros *De Nicolao Machiavello* publicados
en 1731 por Johann Friedrich Christ. Editor que rematará su obra con una
cuidada antología de la literatura maquiaveliana aparecida hasta entonces
(desde Paolo Giovio hasta Alberico Gentili, pasando por Traiano Boccalini
o Hermann Conring), demostrando con ello cómo el Florentino debía considerarse, a tenor del amplio abanico de juicios e interpretaciones que había
suscitado, como un autor perteneciente a pleno derecho al grupo de los
grandes pensadores europeos.

　　Prosigamos con nuestra exploración iconográfica. Siempre claramente
inspirado en la imagen veneciana de 1540-41, pero decididamente menos
tranquilizador y delicado que el retrato alemán de 1714, es el retrato de
Maquiavelo que aparece en el frontispicio del primero de los diez volúmenes de sus *Obras* publicadas en Génova en 1798 ("Anno II della Repub-
b[lica] Ligure": es decir, en pleno clima revolucionario-napoleónico) por la
imprenta del "ciudadano" Domenico Porcile (ver Figura 27). La consagración crítico-editorial de Maquiavelo queda así reflejada precisamente en las
numerosas colecciones de sus escritos que se publican, especialmente en
Italia, en ese cambio de siglos.[29]

28. Cfr. Scattola, M. (2015) "Niccolò Machiavelli nella cultura tedesca moderna", en
　　Machiavelli Cinquecento. Mezzo millennio del 'Principe', (Anselmi, G. M.; Caporali, R.;
　　Galli, C.; editores). Milán. Mimesis.
29. El año 1787 -con la construcción del monumento fúnebre en Santa Croce por obra
　　de Innocenzo Spinazzi- puede ser considerado la fecha-símbolo que marca la plena
　　rehabilitación político-literaria de Maquiavelo luego de las prohibiciones y las censu-
　　ras de los dos siglos precedentes. Justo antes de esta fecha y en las dos décadas suce-
　　sivas se da toda una sucesión de ediciones y reimpresiones maquiavelianas, pero
　　sobre todo de colecciones de varios volúmenes con todas sus obras (incluidas a menu-

La edición retoma, con algún pequeño añadido, la publicada en seis tomos en Florencia en 1782 por el librero Gaetano Cambiagi y la que, también en seis volúmenes, fue publicada en 1796 en Livorno por Gaetano Poggiali y que lleva en el frontispicio –ya no para escapar de la censura sino por razones comerciales y (no) pagar derechos– una falsa y extraña indicación del lugar de edición: "Filadelfia, en la imprenta de las provincias unidas". Estamos de hecho en una época en la que Maquiavelo, gracias al trabajo de archivo y al nuevo planteamiento crítico realizados en particular por los eruditos toscanos del siglo XVIII, es ya objeto de una completa y definitiva rehabilitación que deja atrás los subterfugios a los que libreros e impresores tuvieron que recurrir durante mucho tiempo para eludir los interdictos de la Inquisición: desde ocultar el nombre del autor hasta el uso de falsas siglas editoriales. Sus escritos pueden ahora circular, en colecciones cada vez más amplias, aunque aún bastante limitadas y discutibles desde el punto de vista filológico y editorial, sin precisar de *imprimatur* civiles o eclesiásticos.

Mientras tanto, se habrá ido consolidando la interpretación que considera *El Príncipe*, su obra más conocida y polémica, una sátira anti-tiránica, y por lo tanto, un sólido elogio del poder popular y republicano: una tesis ya adelantada previamente más de una vez (desde Alberico Gentili hasta Johann Friedrich Christ), pero que entre finales del siglo XVIII y principios del siglo XIX se convertirá en la más aceptada y difundida –no sin alguna

do las letras, los documentos de cancillería, los textos menores y otros inéditos más o menos auténticos que han salido de los archivos públicos y privados, sobre todo florentinos). Además de las tres series citadas en el texto -Poggiali (1782), Cambiagi (1796) e Porcile (1798)- recordamos las colecciones siguientes: *Tutte le opere,* Tommaso Davies, Londres 1772 (en tres volúmenes, con prefacio de Giuseppe Baretti); *Opere politiche di Niccolò Machiavelli,* Milán 1797-98 (en cuatro tomos); *Oeuvres de Machiavel,* Libraire Potey, París 1799 (nueve volúmenes, con la traducción, considerada entre las más clásicas, de Charles Philippe Toussaint Guiraudet); *Opere di Niccolò Machiavelli cittadino e segretario fiorentino,* Società Tipografica de' Classici Italiani, Milán, 1804-1805 (en diez volúmenes); *Opere di Nicolò Machiavelli,* Luigi Mussi, Milán 1810-11 (en once volúmenes); *Opere di Niccolò Machiavelli,* Stamperia di Giuseppe Molinari, Venecia 1811 (en doce tomos); *Opere di Niccolò Machiavelli,* 1813 (conocida como edición "Italia", en ocho volúmenes).

controversia al respecto.[30] De hecho, contó primero con el apoyo político-filosófico de Rousseau (que en el *Contrato Social* lo califica como "el libro de los republicanos", donde su autor "fingiendo dar lecciones a los reyes, ha dado grandes lecciones al pueblo"), y luego el respaldo político-literario de Vittorio Alfieri (para quien las "máximas inmorales y tiránicas" de Maquiavelo "sirven [...] mucho más para revelar a los pueblos las ambiciosas e insensatas crueldades de los príncipes, que para enseñar a éstos a practicarlas"). Hasta llegar a la consagración que de esta lectura hará Ugo Foscolo con los famosos versos de *Dei Sepolcri* (1807), donde Maquiavelo es exaltado como "ese grande / que templando, el cetro a los gobernantes / los arranca entonces, y a la gente revela / de qué lágrimas y de qué sangre". Es esa una época de crisis de los regímenes absolutistas y de progresiva afirmación de los valores de la libertad, como revelan también los motivos gráfico-ornamentales, enfáticos y festivos, que acompañan esta versión de finales del siglo XVIII de la "Testina": la espada y el haz de lictores, recurrentes en la iconografía revolucionaria de importación francesa. Un elemento de consagración que recalca el pedestal marmóreo sobre el que reposa el retrato del Florentino.

Respecto a las versiones del siglo XVI y XVII que constituyen su matriz, la novedad de esta imagen (de que, para enfatizar el busto, ha desaparecido el libro que siempre tenía entre sus manos) es la contaminación evidente con los otros retratos del Florentino –conservados por sus herederos y que sólo entonces empezaron a difundirse gracias a las cada vez más numerosas

30. Esta interpretación vendrá puesta fuertemente en discusión cuando, en 1810 -en el apéndice de un folleto sobre el Florentino escrito por Angelo Ridolfi (*Pensieri intorno allo scopo di Niccolò Machiavelli nel libro Il Principe...*, Milán. Destefanis) - se hará pública por primera vez la misiva, destinada a devenir famosa, enviada por Maquiavelo a Francesco Vettori el 10 de diciembre de 1513. De este breve documento viene la lectura "oblicua", es decir, republicana y anti-monárquica, que hasta ese momento había sugestionado a tantos lectores y admiradores del Florentino no tenía en realidad ninguna base textual y filológica. En el único escrito por nosotros conocidos en que Maquiavelo habla de *El Príncipe* -de su composición y de su contenido- nada dice, de hecho, sobre la posibilidad que haya sido escrito para satirizar el poder o para desvelar y denunciar, para uso del pueblo, el lado secreto, oscuro y malvado.

ediciones de sus escritos. El *lucco* de estilo cancilleresco de color negro que aparece en este grabado parece, de hecho, inspirado en otro que retoma el célebre retrato de Maquiavelo atribuido a Santi di Tito, perteneciente en esta época a un descendiente de la familia Ricci. Cabe discutir si el rostro, comparado con las reproducciones anteriores de la "Testina", presenta aquí rasgos más dulces, como sostiene Massimo Firpo;[31] y que se debería al cambio del clima histórico-cultural, menos marcado por el rigor confesional y el absolutismo, con el consiguiente debilitamiento del prejuicio anti-maquiavelista. En realidad, incluso en esta versión parece persistir, detrás de una cierta languidez en la mirada y la tono en general triste del retrato, algo áspero y al mismo tiempo enigmático. No se desprende una maldad de carácter inmediata, pero las grandes orejas, el rostro anguloso, la nariz pronunciada y aguileña, la boca cerrada, ligeramente tensa y suavemente femenina, la cabellera escasa en la frente pero más abundante hacia los hombros y el rostro marcado por amplias arrugas, parecen reflejar el perfil de un hombre sufrido y atormentado, probablemente guardián de grandes secretos, de carácter frío y carente de arrebatos pero que se intuye dotado de una firme determinación.

Se trata en efecto de matices del ánimo que a menudo dependen de la disposición psicológica de quien observa. Pero es precisamente con estos matices con lo que un buen dibujante-grabador puede jugar, acentuando en su composición un elemento antes que otro. Basta, en este sentido, observar una reproducción relativamente contemporánea de la exitosa iconografía de la que estamos tratando (ver Figura 28).

Se trata de una reinterpretación estilizada y especular pero de cierta manera bastante literal del original del siglo XVI. Aunque en este caso de la imagen, enmarcada en un elegante y delicado marco, ha desaparecido la mano que sostenía el libro, limitándose a reproducir el busto. ¡Pero qué poco le ha bastado al autor para convertir la mirada de Maquiavelo –siendo esta la percepción convencional que él tenía– en torva, siniestra y amenazadora! Se trata aquí de Louis Jou, nombre completo Luis Felipe-Vicente

---

31. Cfr. Firpo, *op. cit.* p. 42.

Jou i Senabre (1881-1968), uno de los ilustradores, grabadores y tipógrafos más reputados de principios del siglo XX, español de nacimiento, francés por nacionalización.[32] Este retrato intenso, que en cierto modo culmina el recorrido de cuatro siglos de una imagen que fue tanto la primera en circular como la tenida por más tiempo como la más expresiva y fiel al personaje real, fue realizado por Louis Jou para una versión en francés de *El Príncipe* publicada en 1921 por Jou & Bousviel Editeurs: 290 ejemplares destinados al mercado de colección, donde esta rara edición ha alcanzado efectivamente cotizaciones cada vez más altas. Por otro lado, la fecha habla por sí sola: son los años posteriores a la Primera Guerra Mundial, en los que Maquiavelo, a pesar de ser objeto de operaciones comerciales particularmente refinadas y valiosas desde el punto de vista editorial, vuelve a ser considerado a ojos de muchos el adalid de una política basada en la fuerza y el engaño. La crisis cada vez más profunda de la democracia parlamentaria y el surgimiento en muchos rincones de Europa de regímenes autoritarios y antiliberales sellarán un retorno del maquiavelismo en su acepción más convencional y evidente, y acaso más auténtica. Aquella que, en el período conocido como de entreguerras, empuja a los nacionalistas, defensores del realismo político-sociológico (piénsese, por ejemplo, en Vilfredo Pareto) y a líderes autoritarios como Mussolini a ver en el Florentino un precursor del afán de poder, y en la política una actividad basada en la fuerza, la jerarquía, la lucha a muerte, la voluntad y el mando absoluto. Lo cual inducirá, por reacción, a numerosos autores liberales o de formación cristiana (desde Raymond Aron hasta Jacques Maritain, pasando por Max Scheler o Gerhard Ritter) a considerarlo el inspirador de una filosofía de la política y de la historia contraria a los valores humanistas fundacionales de la tradición cultural europea, propensa a justificar la violencia y el engaño, a considerar el poder como un simple instrumento para afirmar la voluntad exclusiva del líder: exactamente los contra-valores sobre los cuales los

---

32. Cfr. *Louis Jou graveur, imprimeur, éditeur. 1881-1968*, catálogo de la exposición celebrada del 15 diciembre 1992 al 30 de enero de 1993, publicado en Lieja por Magermans. También: Feuille, A. (1984) *Louis Jou. Bio-bibliographie*. Burdeos. Société des Bibliophiles de Guyenne.

fascismos, según esta interpretación radicalmente crítica del maquiavelismo, han construido su ideología.[33] Observando al Maquiavelo diseñado por Jou, gráficamente refinado pero forzado y caricaturesco, se experimenta un escalofrío de inquietud, si no de miedo real; la impresión es que no se está frente a la imagen, históricamente más o menos verdadera, de un literato y filósofo, sino ante la estilización casi abstracta de un ser malévolo y traicionero, capaz de inspirar cualquier vileza y todo tipo de violencia. Esa mirada penetrante y escrutadora, esa sonrisa maliciosa y casi burlona, esa frente amplia que parece expresar una inteligencia desviada, esa nariz estereotipada que evoca un imaginario popular de engaños y traiciones, ¿no constituyen acaso la síntesis gráfica anticipadora de los dramas humanos y políticos de los que el siglo XX –el siglo del maquiavelismo desplegado– rebosará?

Anatomía de un falso

En mayo de 1869, con motivo del cuarto centenario del nacimiento de Maquiavelo, Seymour Kirkup, coleccionista inglés de libros y reliquias de la historia cultural florentina, dibujante aficionado, personaje sumamente excéntrico, hasta hoy recordado por su descubrimiento de un retrato de Dante atribuido por la tradición a Giotto, definió la "Testina" como el retrato de Maquiavelo "más auténtico que existe [...], y el más antiguo conocido con fecha contrastada".[34]

La realidad es que venimos refiriéndonos, siguiendo su difusión a lo largo de los siglos, no ya a una imagen tosca y a menudo de mediocre calidad, con un contenido decididamente inquietante, sino a un *no-retrato* o, para ser más precisos, un icono claramente falso, en el sentido de que no se corresponde de ninguna manera con la verdadera apariencia del Canciller.

33. Cfr. Barbuto, G. M. (2005) *Machiavelli e i totalitarismi*. Nápoles. Guida.
34. Vannucci, A. (1869: 82) *Quarto centenario di Niccolò Machiavelli. Discorso di Atto Vannucci e Relazione di Efisio Contini*. Florencia. Tipografia Successori Le Monnier.

Como han demostrado inequívocamente las investigaciones de Giuseppe
Bertini[35] y Massimo Firpo,[36] estamos ante un pseudo-Maquiavelo y, por lo
tanto, a una imagen radicalmente inventada, fruto más bien de una suplan-
tación culpable o, en cualquier caso, instrumental y deliberada de la persona. El icono utilizado en 1540-41 por Comin da Trino no fue fruto de la fantasía. Menos aún derivaba de alguna imagen preexistente de Maquiavelo
desconocida para nosotros (y que, con toda probabilidad, sencillamente
nunca existió). Antes por el contrario, se se obtuvo a partir del retrato de
otra persona colocado en el frontispicio de un voluminoso volumen publicado en Venecia en 1538 por la imprenta de Pietro Nicolini di Sabbio (ver
Figura 29).

Titulado *In Iudaeos flagellum ex sacris Scripturis excerptum*, estaba firmado por el ferrarese (aunque nacido en un pueblo de Parma) Fino Adriano
Fini (1431-1519): notario de profesión y durante mucho tiempo al servicio
de la corte estense como maestro de cuentas, pero también amante de los
textos clásicos y con ambiciones de literato. El texto, prolijo y propio de un
aficionado, aunque sin duda fruto de extensas lecturas y de muchos estudios
(también de las lenguas griega y hebrea), se inscribe en la corriente de la
polémica anti-judía siguiendo las posiciones de la ortodoxia católica; lo que
explicaría que Roberto Belarmino, en su obra *De scriptoribus ecclesiasticis*
de 1612, lo calificara generosamente, muchos años después de su escritura,
como "volumen *magnum et egregium*". Tras permanecer mucho tiempo en
forma de manuscrito (el autor falleció mientras esperaba la revisión final de
su obra), fue impreso finalmente por su hijo Daniele (igualmente literato
aficionado) y a expensas del editor-impresor Federico Torresani da Asola
(hijo del célebre Andrea Torresani, emparentado con, y socio de, Aldo
Manuzio), cuya marca editorial, una torre con las iniciales F y T, aparece
centrada en la parte inferior de la página dentro del elegante marco floral
que delimita el retrato.

35. Cfr. Bertini, G. (1996) "Il ritrovato ritratto di Fino Fini (1431-1519) proveniente
    dalla quadreria di Palazzo Farnese di Roma", en *Mélanges de l'Ecole française de Rome.
    Italie et Méditerranée*, v. 108, n. 1, pp. 377-379.

36. Cfr. Firpo, M., *op. cit.*

El grabado en el frontispicio retrata precisamente al autor del volumen y, de alguna manera, viene a rendir homenaje a su memoria. Un retrato que, aquí sí, debe considerarse fiel y completamente fiable ya que se hizo a partir de una pintura al temple sobre tabla realizada en las primeras dos décadas del siglo XVI, obra de un artista ferrarés seguidor de la escuela veneciana (se atribuyó a Benvenuto Tisi, conocido como "el Garofolo"), que representa en efecto a Fino Adriano Fini (ver Figura 30).

Durante mucho tiempo, el personaje de la tabla pasó como un caballero anónimo. Pero que se trata efectivamente del notario ferrarés se desprende –a tenor de las investigaciones de Giuseppe Bertini– no sólo del análisis de los inventarios históricos relacionados con la galería de cuadros del Palacio Farnesio de Roma –lo que por sí sólo permitiría una identificación segura del personaje–, sino especialmente por la inscripción que puede leerse en las páginas del libro que sostiene entre sus manos, *In Iuda... flagellum*, que inequívocamente evoca el título de su volumen póstumo.[37] Por otra parte, no se puede dejar de notar cómo, a modo de involuntario y ridículo contrapunto, connotaciones fisionómicas propias de los siglos de la iconografía más claramente antisemita (la nariz aguileña) aparecen en un retrato, que

37. En esta reconstrucción -que supone que del cuadro que ya estaba en la colección Farnese se haya obtenido el grabado que retrata a Fino Adriano Fini (convertida luego en la base para la "Testina" pseudo-maquiaveliana empleada por primera vez por Comin da Trino) hemos seguido el trabajo crítico de Giuseppe Bertini y Massimo Firpo. Pero hay algo que a nuestro juicio no cuadra perfectamente. Fini muere, como dijimos, en 1519. Su volumen (que contiene la xilografía) aparece en 1538. La pintura que lo retrata con su obra entre las manos (ver Figura 30), como se puede deducir del título que se lee sobre las páginas cerradas del volumen, habría sido realizada en los primeras dos décadas del siglo XVI (cfr. en particular Bertini, G. *op. cit.* p. 379). Las cuentas, por así decir, no cuadran. Difícil creer que la tabla haya sido pintada casi veinte años antes de publicarse el libro (a menos que el título sobre las páginas haya sido añadido después). Es más razonable pensar que la pintura y el grabado se realizaron casi simultáneamente, mucho después de la muerte de Fini, y para la publicación póstuma de su obra. De ser así, cabría incluso conjeturar que la pintura copia la xilografía y no al revés. Lo mismo se ha hipotizado de algunos grabados y pinturas maquiavelianos, derivados o sin duda inspirados, del grabado realizado por Tobias Stimmer para la edición de 1577 de los *Elogia* de Paolo Giovio.

debemos considerar plausible y verosímil con respecto al sujeto representado: un oscuro pero aguerrido polemista anti-judío.

El enigma secular de la "Testina" maquiaveliana, respecto a su origen y veracidad, puede entonces considerarse resuelto (aunque con las dudas que hemos señalado). Si la tabla atribuida al Garofalo toma como modelo el grabado que aparece en el frontispicio de la obra de Fini, publicada en 1538, este último grabado retoma la imagen invertida (orientada en la dirección contraria) que dos años después sería utilizada por Comin da Trino y que ilustra la colección, también veneciana, de las obras de Maquiavelo. Cuya fama, siendo, hablando irónicamente, ligeramente mayor a la de Fini, hizo plausible la idea de que ese "retrato de un hombre anciano", con vestimenta de canciller, que "sostiene un libro con la mano izquierda" (como se lee en un inventario de finales del siglo XVII que describe los cuadros del Palacio del Jardín de Parma, donde la tabla había sido trasladada desde Roma), pudiera considerarse el famoso Secretario en lugar del, como ahora sabemos con certeza, desconocido Notario. Curioso y paradójico juego de roles, un enredo equívoco de identidades y biografías, como a menudo ha ocurrido en la historia cuando de por medio anduvo ese maestro de la ambigüedad y la duplicidad que fue, casi por antonomasia, Maquiavelo.

En realidad, sin quitar mérito a los descubrimientos recientes que de la supuesta imagen de Maquiavelo han llegado a la verdadera de Fini mediante una investigación propia de la Historia del arte, este error de identidad y el uso instrumental y reiterado de esta imagen falsamente maquiaveliana también ha quedado demostrado por otra vía. Una vía más empírica, menos metodológicamente sofisticada, pero al final igualmente eficaz: la pasión bibliófila. Partiendo, no de un texto historiográfico o de una búsqueda en archivos, sino de la colección de grabados y retratos de la época cuidadosamente clasificada y publicada por un coleccionista de libros del siglo XVI –Paolo Tiezzi Maestri, fundador y presidente de la Sociedad Bibliográfica Toscana–[38] se desprende que el propio Comin da Trino era perfectamente consciente de que el retrato que eligió para acompañar su edición de las

---

38. Cfr. Tiezzi Maestri, P. (2014: 20-21) *Cinquanta ritratti del Cinquecento*. Torrita di Siena. Società Bibliografica Toscana.

obras de Maquiavelo de 1540-41 no tenía nada que ver con este último, incluso si desconocía el grabado de Fini del cual el retrato que el usó fue calcado por algún grabador anónimo. La prueba de esto se encuentra en el uso sin reservas de esa grabado que el editor de origen piamontés hizo unos años después, exactamente en 1549, al imprimir los *Commentaria in Aphorismos Hippocratis* de Theophilus Protospatharius con traducción del griego al latín del mantuano Ludovico Corradi. El rostro que aparece en el frontispicio del volumen no deja lugar a dudas (ver Figura 31): es exactamente el mismo que, con el agregado de las iniciales de su nombre a ambos lados, apenas una década antes había usado el mismo Comin da Trino para presentar a sus lectores al autor de *El Príncipe*. Resulta difícil pensar, por más falto de escrúpulos que podamos considerar a nuestro editor, que haya presentado como un pseudo-retrato que representaba (en modo totalmente hipotético e imaginario) a Theophilus Protospatharius ¡un retrato verdadero de Maquiavelo!

Aquella imagen, como probablemente sabía Comin da Trino, no representaba en realidad a ninguno de los dos. Ya en esa época sobraban por tanto elementos para concluir que esa "Testina" inspirada en los rasgos reales de Fino Adriano Fini, y durante mucho tiempo confundida con un retrato fiel de Maquiavelo, era poco más que un recurso gráfico, un ícono genérico, por así decir, para usos editoriales y comerciales varios. En resumen, se trataba de una simple matriz tipográfica que pasó primero por Venecia y luego por el resto de Europa, de una imprenta a otra, modificaba y rehecha a lo largo de los siglos, pero que acabó fraguando una tradición iconográfica que, acaso más que otras, ha acompañado, y en parte condicionado, la recepción crítica de toda la obra maquiaveliana.

Maquiavelo en el fantástico mundo de Anton Francesco Doni

Otra tradición también ha hecho uso de este retrato, como representación de los rasgos reales de Maquiavelo, también en otra ocasión, pero lo ha hecho de un modo tan particular y significativo que, para terminar, merece una digresión. Nos referimos a la xilografía que aparece, sin hacer mención al individuo representado, en la *editio princeps* de *I Mondi* de Anton Francesco Doni (impresa en Venecia en 1552 por Francesco Marcolini), abriendo la sección que contiene el diálogo entre el Sabio y el Loco (ver Figura 32). La obra es notoriamente una de las más intrigantes, excéntricas, enigmáticas, visionarias y densa en implicaciones alegóricas de la literatura italiana: trata del viaje fantástico, entre mundos reales y lugares imaginarios, de un grupo de académicos que culmina –como en la literatura utópica y de crítica social de la época que Doni conocía bien, ya que fue el editor en 1548 de la primera versión italiana de la *Utopía* de Tomás Moro y un lector atento del *Elogio de la locura* de Erasmo–[39] con la descripción de una ciudad ideal, "fabricada en forma perfecta, a modo de una estrella".[40] El autor, de personalidad igualmente peculiar e inquieta, muy prolífico pero de obra desigual e inclasificable, fue un tipógrafo-literato con una imaginación desenfrenada, capaz de dedicarse a los más diversos géneros literarios, en constante movimiento (Florencia, Milán, Piacenza, Venecia, Roma, Ferrara) en pos de protectores y mecenas; fue amigo y colaborador de muchas de las figuras culturales más importantes de su tiempo, fundador de academias y círculos literarios, un antiguo religioso amigo del libertinaje, erudito y muy curioso pero con el enfoque del aficionado, a menudo propenso al plagio o a la manipulación de las ideas de los demás, un gran promotor de sí mismo y un hábil planificador desde el punto de vista editorial.

Entre otras cosas, Doni también era un apasionado de la emblemática: estaba convencido –dada su experiencia juvenil en Florencia como impresor y editor– de la utilidad, didáctica y comercial, de combinar en los libros

---

39. Sobre Doni escritor utópico se pueden leer todavía hoy con interés las viejas páginas de Curcio, C. (1941) *Utopisti e riformatori sociali del Cinquecento*. Bolonia. Zanichelli. Para una profundización crítica que, además de incluir la visión política del escritor florentino en un marco europeo más vasto, dedica particular atención a los alcances iconográfico-simbólicos de su modelo de ciudad perfecta, cfr. Rivoletti, C. (2003) *Le metamorfosi dell'utopia. Anton Francesco Doni e l'immaginario utopico di metà cinquecento*. Lucca. Maria Pacini Fazzi Editore.

40. Doni, A.F. (1994: 162) *I Mondi e Gli Inferni* (editado por P. Pellizzari, "Introducción" de M. Guglielminetti). Turín. Einaudi.

palabras e imágenes, de dar vida a un modelo literario y a un estilo editorial basados en la inserción en el texto de un amplio número de ilustraciones, capaz de hablarle al lector en una clave más instintiva e intuitiva, simbólico-evocativa y conceptual, pero también estéticamente atractiva.[41] Convirtiéndose en uno de los precursores de un género o corriente editorial –el de las biografías ilustradas y los retratos impresos–[42] que conocerá, a partir de la segunda mitad del siglo XVI y durante todo el siglo XVII, un gran éxito en toda Europa.

A partir de esta idea de libros ilustrados para "leer y ver", donde "las palabras se armonizan con el grabado",[43] tipográficamente cuidados, considerados verdaderos objetos artísticos destinados a un público adinerado, surgió la colaboración entre Doni y Marcolini:[44] formaron una especie de laboratorio literario y editorial que durará apenas tres años (1551-1553), pero que

41. Doni, que era también un hábil dibujante, solía adornar sus manuscritos con imágenes. Entre sus proyectos más ambiciosos, aunque inconcluso, estaba -a raíz del trabajo análogo realizado por Paolo Giovio, con quien tenía contacto estrecho y cuyo Museo en Como había visitado en 1543- la publicación de una colección de retratos impresos basados en el modelo numismático (titulado *Le Medaglie*), dedicada a los personajes ilustres de cada época, para la cual había pedido colaboración al célebre grabador Enea Vico.

42. La literatura histórico-crítica sobre esta particular tradición editorial y tipográfica es vastísima. Todavía hoy atractiva y muy útil es la lectura del clásico trabajo publicado en 1946 por Mario Praz y ahora nuevamente disponible (cfr. Praz, M. (2014) *Studi sul concettismo. Emblema, impresa, epigramma, concetto*. Milán. Aesthetica [primera edición en 1936, edición definitiva, 1946]), ampliado, con el agregado de una bibliografía en la versión inglesa de 1964 (cfr. Praz, M. (1964) *Studies in Seventeenth-Century Imagery, Second edition considerably increased*. Roma. Edizioni di Storia e Letteratura). Cfr. También Innocenti, L. (1983) *Vis eloquentiae. Emblematica e persuasione*, Sellerio. Palermo. / Arbizzoni, G. (2002) "Un nodo di parole e di cose". *Storia e fortuna delle imprese*. Roma. Salerno Editrice. / Arbizzoni, G. (2004) "Con parola brieve e con figura". *Libri antichi di imprese e emblemi* (editado por L. Bolzoni). Lucca. Maria Pacini Fazzi Editore. / Casini, T. (2004) *Ritratti parlanti. Collezionismo e biografie illustrate nei secoli XVI e XVII*. Florencia. Edifir.

43. Doni, A. F. (1928: 251) *I Marmi*, vol. I (editado por E. Chiòrboli). Bari. Laterza.

44. En la historia de la edición europea, los cerca de 130 volúmenes impresos a lo largo de veinticinco años por el oriundo de Forlí, Marcolini -editor, entre tantos otros, de Aretino, con el cual mantuvo una colaboración- representan al mismo tiempo algo

produjo obras, aún muy valoradas por los coleccionistas, que pueden contarse entre las expresiones más innovadoras de la cultura tardo-renacentista, por estilo y contenido, y por su naturaleza ampliamente no convencional, ajena a cualquier canon académico o formalismo filológico, al límite de
la anarquía compositiva y lingüística.

Nos referimos no sólo a *I Mondi* (1552), sino también a la *Seconda libraria* (1551), un catálogo bibliográfico de obras manuscritas a menudo inventadas y atribuidas no pocas veces a escritores inexistentes (entre los títulos
ficticios figura también, atribuida a Maquiavelo, una comedia fantasmal
titulada *Il Secretario*); a la *Zucca* (publicada en cuatro volúmenes entre
1551-52), una compilación bastante desordenada de ocurrencias, sentencias, anécdotas históricas, cartas, notas autobiográficas y diálogos filosófico-
literarios más o menos basados en modelos clásicos; a *I Marmi* (1552-53),
diálogos y conversaciones que tienen lugar en las escalinatas del Duomo de
Florencia y que cuentan con personajes populares, artistas e intelectuales; y
finalmente a los *Inferni* (1553), obra estrechamente vinculada a las dos anteriores (y también, claro está, a *I Mondi*) por el uso del sueño como pretexto
narrativo para adentrarse a una descripción visionaria de una realidad diferente a la terrenal mediante el diálogo como forma o modelo de escritura.
A todos estos trabajos, realizados por Doni con un ritmo frenético, habría
que añadir aquellos que quedaron incompletos o en estado de proyecto.[45]

único y fundamental: desde el uso de caracteres particulares para la cursiva, muy probablemente, diseñados por él mismo, hasta el cuidado y belleza de los grabados y
ornamentos que acompañaban sus publicaciones (no por casualidad elogiadas por
Vasari). Aquellas realizadas en colaboración con Doni, probablemente, representan el
punto más alto de su calidad y fuerza productiva. Sobre la relación entre los dos existe bastante literatura. Nos limitamos a señalar: Quondam, A. (1980) "Nel giardino di
Marcolini. Un editore veneziano tra Aretino e Doni", en *Giornale storico della letteratura italiana*, CLVII, pp. 75-116. / Masi, G. (1988) "'Quelle discordanze sì perfette'.
Anton Francesco Doni. 1551-1553, en *Atti e Memorie dell'Accademia Toscana di
Scienze e Lettere La Colombaria*, LIII, serie nuevo, XXXIX, pp. 9-112.

45. Sobre los ritmos compositivos de Doni existe un curioso pero directo, y como tal
posiblemente fidedigno, testimonio de Marcolini que recuerda en un carta suya cómo
la escritura de los textos (y su corrección o integración) se producía, de manera también frenética, incluso en el taller tipográfico mientras los trabajos ya estaban en
impresión: "Sus obras eran compuestas por él mientras se imprimían [...] y muy

Cabe, por supuesto, preguntarse por qué razón un busto que representa a Maquiavelo –suntuosamente enmarcado y acompañado de unos versos de *El triunfo de la fama* de Petrarca (al que no se menciona como autor): "que así al ver la vaga opinión / aquí dejo, y más de ellos no digo adelante"– se incluyó en una obra tan excéntrica como *I Mondi*. Más aún si tenemos en cuenta que ni la imagen ni la cita parecen tener alguna conexión directa con el argumento tratado en la sección en la que aparecen, aquella en la que el Académico loco y el Académico sabio dialogan sobre el "mundo nuevo" del que han tenido una visión deslumbrante.

Para responder, sin pretender ofrecer una solución definitiva, es necesario recordar la sincera admiración que Doni sentía por su muy celebrado (hoy, mas no tanto en aquella época) compatriota, admiración tan grande que lo llevó a evocar en varias ocasiones, aunque no siempre de manera directa y explícita, las enseñanzas de Maquiavelo (además de apropiarse de citas textuales sin citarlo como autor). Son tantas las referencias de Doni, algunas rozando lo fantasioso, que a través de ellas puede medirse la suerte y la influencia del Florentino en los años inmediatamente posteriores a su muerte. Referencias relevantes porque muy alejadas de los juicios duros, a menudo descalificadores –mezcla de hostilidad ideológica, resentimiento profesional, envidia personal y rivalidad de campanario–, que en esos mismos años otros literatos (desde el florentino Benedetto Varchi hasta el padovano-istriano Girolamo Muzio) manifestaban contra el autor de *El Príncipe*. Respecto al cual, Doni, por el contrario, muestra una gran consonancia. No sólo compartía la herencia cultural florentina y la matriz lingüística, sino también la veta político-moralista y la pasión por la escritura de corte cómico-satírico. El rasgo burlesco, a menudo cercano a lo grotesco y la chanza, que con frecuencia se encuentra en la producción literaria de Doni, también

entre los ruidos de la impresora". Cfr. Figorilli, M. C. (2014: 145) "Machiavelli: i ritmi del Segretario, i tempi dello scrittore", en Festina lente. *Il tempo della scrittura nella letteratura del Cinquecento* (editado por C. Cassiani, M. C. Figorilli). Roma. Edizioni di Storia e Letteratura. / Masi, G. (2009: 154) *Il Doni del Marcolini, in Un giardino per le arti: "Francesco Marcolino da Forlì". La vita, l'opera e il catalogo* (editado por P. Procaccioli, P. Temeroli, V. Tesei). Bolonia. Editrice Compositori.

era el fruto de las influencias derivadas de su atenta lectura de las composiciones de Maquiavelo, en particular, de algunas de sus obras satíricas (desde los sonetos hasta las comedias más conocidas).

Los elogios de Doni hacia Maquiavelo son explícitos y rozan la apología, como en un famoso pasaje de la *Libraria* publicada en 1550 por el editor Giolito –el cual, ese mismo año, curiosamente aunque no tanto, imprimió los *Discuros* y *El Príncipe*, y un año después el *Arte de la guerra* y la *Historia de Florencia*– donde menciona la "nobleza de Maquiavelo" y sus "muy nobles y honorables" obras; y donde recuerda, probablemente como sutil crítica contra el poder de los Médici, el sentimiento de aversión que se tenía en Florencia hacia Maquiavelo, "quien, aunque fuese de grandes honores, y de bienes temporales acomodado razonablemente, y siendo sumamente letrado, soportó grandes injurias y sufrió muchos disgustos, daños y aflicciones en su vida".[46] Una defensa que será aún más explícita en aquel pasaje de los *Marmi* donde se condena la actitud de aquellos que, al leer una obra, en lugar de discutir sus argumentos y apreciar su originalidad (que en el caso de la maquiaveliana era, para Doni, innegable y grandiosa), buscan más bien sus defectos, prefiriendo a la crítica de los contenidos la difamación del autor. Doni los define como la "raza" de aquellos que "aplican en todas las cosas el *pero*". Maquiavelo –tanto como Aretino– sería una de las víctimas más ilustres de esta actitud inclinada hacia la denigración personal y la descalificación sumaria en lugar de la confrontación intelectual. Autores ambos elogiados, escribe Doni, pero siempre con reservas y mil precauciones, del tipo: "las obras de Maquiavelo son hermosas, pero enseñan algunas cosas que no me gustan; las cosas de Aretino son vivas y superiores, pero, al no ser doctor, ¿cómo logra hacerlas?".[47]

Pero además de estos pasajes explícitamente elogiosos, son significativas ciertas similitudes con Maquiavelo que Doni –precisamente en la primera obra realizada en colaboración con Marcolini– manifiesta en su concepción de la historia y de la relación con la Antigüedad. Por ejemplo, la idea, esbo-

---

46. Doni, A. F. (1972: 147) *La libraria* (editado por V. Bramanti). Milán. Longanesi.
47. *Ibid*. p. 247.

zada precisamente en la *Seconda libraria* aunque con un tono ligeramente irónico, de una especie de eterno repetirse y reproducirse de las cosas, las situaciones y hasta del pensamiento: idea que tal vez le servía también para justificar su técnica compositiva consistente en retomar ideas, citas y plan-teamientos de un pasado que usaba como una especie de almacén del cual extraer a manos llenas *exempla*, sentencias, relatos y anécdotas. Si todo en este mundo ya ha sido dicho e imaginado, ¿cómo culpar o criticar el una escritura que procede mediante citas, reutilizaciones, manipulaciones, apro-piaciones y adaptaciones?

Una convicción que, expresada de forma más clara y rigurosa, se encuen-tra también en los *Marmi*, en sendos diálogos, donde se sostiene que la his-toria –imaginada como "una rueda que hace y deshace, va y vuelve"–[48] está compuesta por invariantes y regularidades, es decir, acciones, ideas y pasio-nes que no cambian, y que por ello tienden a repetirse infinitamente: "si viviéramos mucho, veríamos que mucho de lo que acontece ya ocurrió otras veces".[49] De ahí la importancia de estudiar a los antiguos, tal y como ya había señalado Maquiavelo en el primer libro de los *Discursos*[50] y en el prólogo de *Clizia*,[51] obras que evidentemente Doni conocía. Y aunque su reelaboración literaria de la visión de una historia cíclica y repetitiva parece ser menos conceptualmente sofisticada que la original maquiaveliana, no hay duda de que en este punto comparten una estrecha afinidad filosófica.

Esto en lo que concierne al Maquiavelo real que Doni había leído y medi-tado, pues luego también estaría el Maquiavelo ideal y fantástico, sobre el

---

48. *Ibid.* p. 105.
49. *Ibid.* p. 217.
49. *Ibid.* p. 217.
50. Cita de los *Discursos*: "infinitos, que leen, encuentran placer en escuchar la variedad de los accidentes contenidos en ellas [las historias], sin pensar en imitarlos, conside-rando la imitación no sólo difícil, sino imposible: como si el cielo, el sol, los elemen-tos, los hombres, hubieran cambiado de manera, de orden y de poder desde lo que eran antiguamente" ("Proemio" del I libro).
51. Cita de *Clizia*: "Si en el mundo regresaran los mismos hombres, como vuelven los mismos casos, no pasarían cien años sin que nos encontráramos nuevamente hacien-do las mismas cosas que ahora" (*incipit* del Prólogo).

que Doni se explayó, contribuyendo no poco con ello a su fama póstuma. Nos referimos sobre todo al relato del llamado "sueño de Maquiavelo", que tantos comentarios e interpretaciones ha suscitado en la literatura en torno al Florentino.[52] Ya moribundo, Maquiavelo habría tenido una visión nocturna del más allá. Primero se habría topado con los beatos del Paraíso: una multitud de mendigos demacrados, mártires, sacerdotes y monjas, mujeres. Luego habría visto a los condenados del Infierno: una legión compuesta por soberanos, filósofos, literatos, poetas, músicos. Teniendo que elegir dónde pasar la eternidad, Maquiavelo, al despertar, no habría tenido dudas, pidiéndole a su confesor que le permitiera unirse a todos esos valientes hombres con los cuales habría podido al menos conversar y entretenerse sin aburrirse. Doni, como sabemos hoy, fue el primero en difundir esta anécdota ahora legendaria que, al sellar la imagen negativa de un Maquiavelo ateo, irónico y luciferino, ha tenido un amplio éxito (también desde el punto de vista gráfico-figurativo) en diversas corrientes y expresiones del antimaquiavelismo: una mentalidad que tendrá su punto álgido en el siglo XVII, pero que está arraigada y extendida hasta nuestros días, aunque ya no por motivos o prejuicios de naturaleza religiosa, sino en virtud de burdos estereotipos demonizantes que en parte se remiten precisamente al famoso relato de Doni.

El sueño de Maquiavelo (aunque en el texto se le mencione simplemente como "Messer Nicolò" y nunca con el apellido) está descrito en una carta escrita por Doni en Padua el 15 de febrero de 1544 y dirigida al editor veneciano Gabriele Giolito. Con el título "Visión de un hombre galante que estaba a punto de morir, y así lo hizo", fue publicada en la colección de cartas de Doni (elaborada siguiendo el exitoso precedente editorial de Aretino) que salió el mismo año, también en Venecia, impreso por Girolamo Scotto. Como sabemos, a lo largo de los siglos ha sido retomado y reproducido en diversas formas por otros autores: por Giovan Battista Busini en una carta a Benedetto Varchi de 1549 (permaneció inédita hasta que fue publicada en

---

52. Para una puesta a punto histórico-crítica cfr. Terracciano, P. (2016) "La politica all'inferno: rileggendo il sogno di Machiavelli", en *Rinascimento*, vol. 56, nuova serie, pp. 23-51.

1752 por Angelo Maria Bandini en la introducción a su *Collectio veterum aliquot monumentorum ad historiam praecipue litterariam pertinemtium*); por el humanista e historiador alemán Hieronymus Wolf en su comentario sobre algunos pasajes de las *Tusculanae* de Cicerón (publicado en 1580); por el jesuita Étienne Binert en el libro *Du salut d'Origène* de 1629; y finalmente por Pierre Bayle en su célebre entrada "Machiavel" publicada en 1695-96 en el *Dictionnaire historique et critique*. Se trata de un episodio biográfico que, aunque falso y en gran medida legendario, ha contribuido, más que otros, a arraigar la imagen del Florentino como ateo, diabólico e irreverente.

Como acabamos de ver, Maquiavelo formaba parte del reducido panteón literario-ideológico, compuesto principalmente por autores y escritores florentinos y venecianos, con los cuales Doni se identificaba. Y al cual en los *Mondi* se rinde un homenaje en forma de adorno figurativo: homenaje que, en realidad, es anónimo, ya que en 1552 el nombre de Maquiavelo ya estaba bajo condena eclesiástica y mencionarlo no se consideraba en Venecia prudente. Nos queda ahora por comprender de dónde Doni y Marcolini, tan atentos al uso de las imágenes en sus obras y protagonistas, por ello, de la revolución en la cultura gráfico-editorial que se lleva a cabo durante los años de su breve pero intensa asociación, sacaron el retrato de Maquiavelo incluido en *I Mondi* junto con una serie de otras ilustraciones: un suntuoso frontispicio globos, numerosas imágenes alegóricas acompañando el texto o abriendo los distintos capítulos, representaciones simbólicas relacionadas con Florencia, xilografías con efigies de Dante, Petrarca y Boccaccio o doce retratos de artistas y literatos (Giovan Battista Gelli, el propio Doni, Aretino por dos veces, Marcolini por dos veces, Gabriele Simeoni, Francesco Sansovino, Domenico Burchiello, Francesco Alunno, Niccolò Tartaglia: ninguno de ellos, por cierto, mencionado por su nombre), y entre los cuales se encuentra el retrato del autor de *El Príncipe*.

La procedencia y la elaboración de los materiales iconográficos presentes en las preciosas ediciones de Marcolini vienen siendo objeto de atento estudio ya desde las clásicas reseñas bibliográficas del siglo XIX realizadas por Gaetano Zaccaria (1850) y Scipione Casali (1861). Este último, en sus

Annali della tipografia veneziana, explicó cómo –según una práctica muy extendida en la época– la mayoría de los grabados en madera utilizados, en particular, en la impresión de los *Mondi* y los *Inferni,* ya habían sido empleados en otras ediciones editadas por Marcolini, o también "en la imprenta de Doni en Florencia".[53] En cuanto a los doce retratos de hombres de letras, "muy hermosos",[54] también habían sido casi todos publicados previamente por Marcolini y Doni en otros volúmenes y, por tanto, formaban parte de su planchas de impresión. Las únicas excepciones, según Casali, serían el retrato del humanista florentino Gabriele Simeoni, tomado del frontispicio de un volumen del propio Simeoni impreso por Comin da Trino en 1546; el de Francesco Sansovino, del cual no se indica la procedencia pero se dice que se reutilizará para acompañar su obra *Del governo dei regni e delle repubbliche così antiche come moderne* (publicada en 1561 por el impresor veneciano Imberti); el de Nicolò Tartaglia, que ya había aparecido en sus *Ragionamenti* publicados en 1551 por el veneciano Niccolò de' Bascarini; y, justamente, el maquiaveliano, "igual, o al menos similar al que está en la famosa edición de sus obras, llamada por ello la *testina*",[55] y que tampoco había sido utilizado antes por Marcolini. Casali repite casi las mismas palabras usadas una década antes por Zaccaria en su *Catalogo ragionato di opere stampate per Francesco Marcolini da Forlì* al describir las imágenes incluidas en *I Mondi* y señalar del retrato de Maquiavelo que resulta ser "igual al que está en la tan conocida edición de sus obras llamada de la *testina* precisamente por este retrato".[56]

El error cometido por los dos bibliógrafos del siglo XIX es evidente: en esa época (faltaban aún sesenta o setenta años para las aclaraciones que Gerber ofrecería sobre la verdadera fecha de impresión de la edición llamada "Testina"), se creía que el año 1550 impreso en la colección de las "obras

53. Casalli, S. (1861: 242) *Annali della tipografia veneziana di Francesco Marcolini.* Forlì. Presso Matteo Casali.

54. *ibid.*

55. *ibid.* p. 244.

56. Zaccaria, G. (1850: 68) *Catalogo ragionato di opere stampate per Francesco Marcolini da Forlì compilato da Don Gaetano Zaccaria ravennate con memorie biografiche.* Fermo. Tipografia de' Fratelli Ciferri.

completas" de Maquiavelo, donde aparecía su retrato aguileño, era el año real de impresión, cuando en verdad, como ya hemos dicho, se fechó instrumentalmente, anticipando de sesenta y cinco años una publicación efectivamente impresa en 1615-17. Doni y Marcolini, por lo tanto, no habían podido utilizar como fuente ninguna de las cinco versiones de la edición "Testina" por la simple razón que estas últimas se publicarían aproximadamente medio siglo después.

Pero el error de los bibliógrafos es doble en la medida en que tanto Zaccaria como Casali parecen ignorar que la imagen en cuestión ya había sido utilizada, para representar a Maquiavelo, por Comin da Trino en su edición de 1540-41. Si Marcolini y Doni no usaron un grabado ya disponible, mucho menos encargaron uno nuevo. Teniendo que retratar a Maquiavelo, probablemente, se limitaron a usar (embelleciéndolo con un marco) una xilografía que ya circulaba entre las imprentas venecianas, bien prestada o cedida directamente por Comin da Trino (quien en 1550 había empezado a reducir su actividad tipográfica y quizá se estuviera deshaciendo de materiales de su imprenta), bien tomada sin permiso (como quizá también hicieron con el retrato de Simeoni). Como mucho, cabe imaginar que adquirieran la xilografía o una copia de la misma del artesano-grabador que la había creado originalmente, que se había basado –como ya hemos explicado– en una plancha anterior que representaba en realidad a Fino Adriano Fini y no a nuestro Florentino.

Parece todo muy complicado, pero en realidad es bastante simple: con el verdadero Maquiavelo, el auténtico e históricamente real, la "Testina", en todas sus variantes, nunca tuvo nada que ver, aunque durante mucho tiempo se creyera lo contrario. La fuerza de la sugestión y la persistencia del prejuicio son lo que explican, mejor que cualquier razonamiento, el éxito a lo largo de los siglos de esta imagen tan sulfúrea como indudablemente sugestiva y evocativa de un Maquiavelo que, para ser ampliamente imaginario y estereotipado, no ha dejado de tener un notable impacto en la suerte cultural del Florentino.

En cuanto a la duración y penetración, incluso inconsciente e involuntaria, de ciertos estilemas y de determinadas caracterizaciones fisonómicas, nada mejor –para concluir este relato sobre un retrato históricamente falso de Maquiavelo pero, a su manera, eficaz– que la imagen del villano por excelencia de la saga de Los Simpson (ver Figura 33): el multimillonario Charles Montgomery Burns (también conocido como Sr. Burns o Monty Burns), propietario de la central nuclear de Springfield donde trabaja Homer Simpson. Observen detenidamente su perfil: expresión siniestra y diabólica, frente amplia, cabello desordenado que cae hacia atrás en la nuca, nariz aguileña y curva, mirada penetrante y oblicua, sonrisa maliciosa e irreverente (incluso malvada). ¿Les recuerda a alguien?

Fig. 1. Santi di Tito (atribuido), *Retrato de Maquiavelo*,
finales del siglo XVI, Florencia, Palazzo Vecchio

Figs. 2 y 3 + 39 y 40. Dos caricaturas de Maquiavelo inspiradas
directamente en el retrato atribuido a Santi di Tito

Fig. 4. Anónimo, *Busto de Maquiavelo*,
terracota policromada del siglo XVI, Florencia, Palazzo Vecchio

Fig. 5. Anónimo, *Retrato de Maquiavelo*,
in N. Machiavelli, *Opere*, Gaetano Cambiagi, Florencia, 1782

Fig. 6. Lorenzo Bartolini,
Niccolò Machiavelli, 1845,
Florencia,
Logia de la Galería de los Uffizi

Fig. 7. Anónimo,
Retrato de Maquiavelo,
siglos XVI y XVII,
Florencia, Palazzo Strozzi

Fig. 8. Tobias Stimmer, *Retrato de Maquiavelo*,
in Paolo Giovio, *Pauli Iovii Novocomensis Episcopi
Nucerini Elogia Virorum literis illustrium...*,
Pietro Perna, Basilea, 1577

Fig. 10. Johann Georg von Dillis (dibuja), Raffaello Morghen (graba), *Retrato de Maquiavelo*, in N. Machiavelli, *Opere di Niccolò Machiavelli segretario e cittadino fiorentino*, 6 voll., Filadelfia nella stamperia delle provincie unite [en verdad, Livorno, Gaetano Poggiali], 1796-97

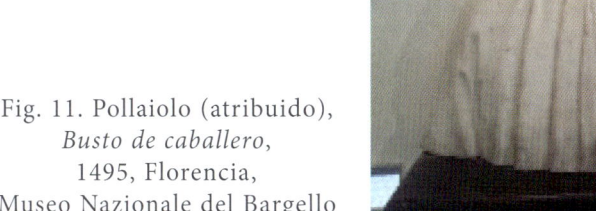

Fig. 11. Pollaiolo (atribuido), *Busto de caballero*, 1495, Florencia, Museo Nazionale del Bargello

Fig. 12. Sebastiano del Piombo, *Retrato del cardenal Sauli con tres acompañantes*, 1516, Washington, National Gallery of Art

Fig. 13. Paolo Fidanza,
Retrato de Maquiavelo, in
Teste scelte di personaggi illustri,
6 voll,
Roma, 1757-1766

Fig. 14. Theodor de Bry
(graba),
Retrato de Maquiavelo,
in Jean-Jacques Boissard,
Icones... virorum illustrium,
III, Francfort, 1598

Fig. 16. William Mortensen
Retrato de Maquiavelo,
1935, Estados Unidos

Fig. 15. Stefano Ussi, *Niccolò Machiavelli (en su despacho)*,
1894, Roma, Galleria d'Arte Moderna e Contemporanea

Fig. 17. Taller de Vasari - Pedro Rubiales, llamado Roviale Spagnolo
(atribuido), *Retrato de Maquiavelo*, 1546-47, Perugia

Fig. 18. Anonino,
Retrato de caballero
(¿Michel de Montaigne?)

Fig. 19 François Quesnel,
Retrato de Montaigne
segunda mitad del siglo XVII,
Valençay, Château de Valençay
*ca.*1558

Fig. 20. Anónimo,
Retrato de Maquiavelo,
in N. Machiavelli,
Les discours,
Robert le Mangnier,
París, 1571

Fig. n. 21. Anónimo,
Retrato de Maquiavelo,
in N. Machiavelli,
Tutte le opere,
París, *ca.* 1615

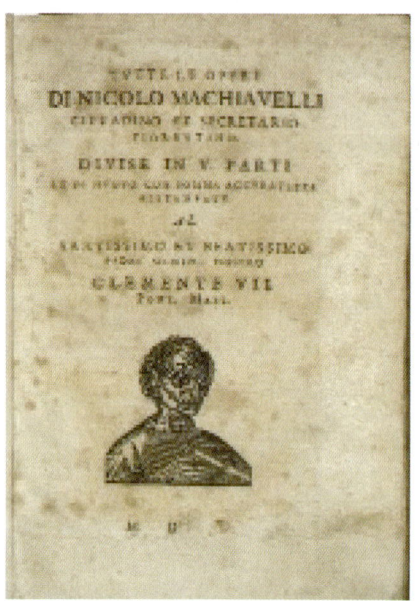

Fig. 22. Anónimo,
Retrato de Maquiavelo,
in N. Machiavelli,
Tutte le opere,
Ginebra, *ca.* 1660

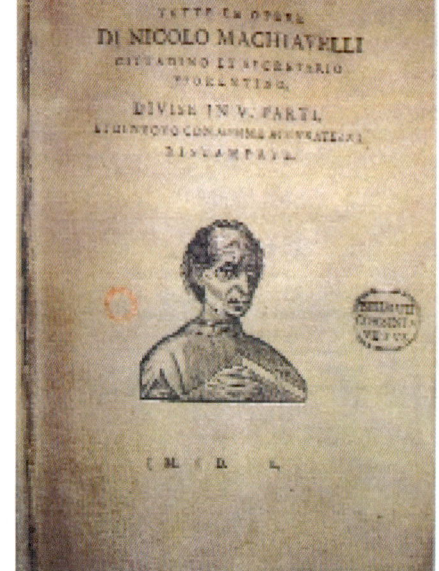

Fig. 23. Anónimo,
Retrato de Maquiavelo,
in N. Machiavelli,
Tutte le opere,
Ginebra, *ca.*1635

Fig. 30. Benvenuto Tisi, 'Il Garofalo' (1476?-1559),
Retrato de Fino Fini,
primeras dos décadas del siglo XVI

Figs. 33, 34, 36 y 37. Representaciones actuales de Maquiavelo
con aspecto diabólico y posturas lucíferas

Fig. 24. Anónimo,
Retrato de Maquiavelo,
in N. Machiavelli,
Historiae florentinae,
Latzar Zetzner,
Estrasburgo, 1610

Fig. 25. Anónimo,
Retrato de Maquiavelo,
in N. Machiavelli,
Les oeuvres de Machiavel,
Compagnie des Libraires du
Palais, París, 1664

Fig. 26.
Johann Georg Mentzel,
Retrato de Maquiavelo in
"Neue Bibliothec oder
Nachricht und Urtheile von
neuen Büchern",
n° XXXVI,
Francfort y Leipzig, 1714

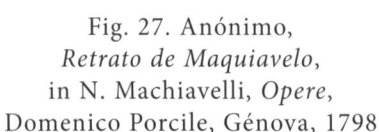

Fig. 27. Anónimo,
Retrato de Maquiavelo,
in N. Machiavelli, *Opere*,
Domenico Porcile, Génova, 1798

Fig. 28.
Luois Jou,
Retrato de Maquiavelo
in N. Machiavelli,
Le Prince,
Jou & Bousviel,
París, 1921

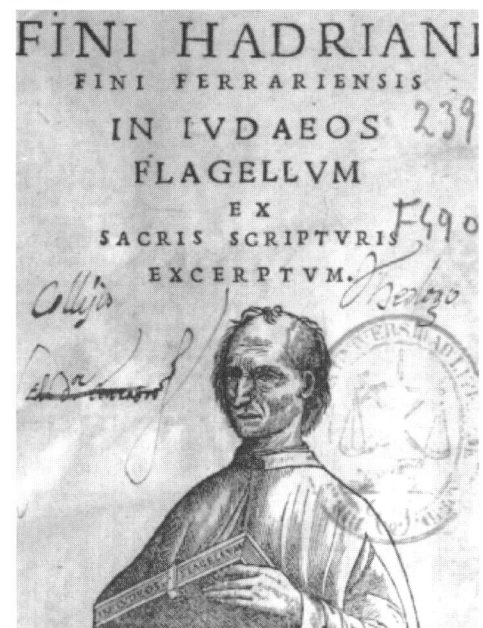

Fig. 29 Anónimo,
Retrato de Maquiavelo
in Fini Hadriani Fini,
*In Iudaeos flagellum ex
sacris Scripturis excerptum,*
FedericoTorresani,
Venecia, 1538

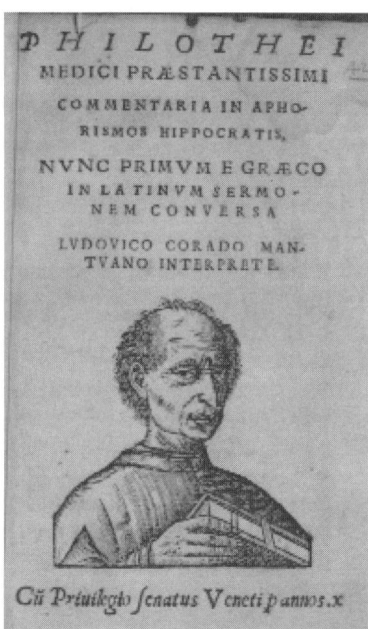

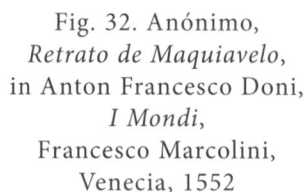

Fig. 31. Anónimo,
Pseudo-retrato de
Theophilus Protospatharius, in
Theophilus Protospatharius,
Commentaria in Aphorismos
Hippocratis, Comin da Trino,
Venecia, 1549

Fig. 32. Anónimo,
Retrato de Maquiavelo,
in Anton Francesco Doni,
I Mondi,
Francesco Marcolini,
Venecia, 1552

EL SECRETARIO DEL DIABLO.
MAQUIAVELO Y EL ROSTRO DIABÓLICO DEL PODER

"Dio ci aiuti con queste diavolerie!"
Mandrágora III 3

El cuerpo (y el rostro) del diablo

Nicolás Maquiavelo ha sido el pensador "diabólico" por excelencia de la tradición política europea, autor de un tratado, *El Príncipe*, "escrito por la mano del diablo" (*Satanae digito scriptum*), como afirmó en 1539 uno de sus primeros y más implacables detractores, el cardenal Reginald Pole (*Apología ad Carolum V*). Y cuando en 1615 los jesuitas quemaron su efigie en la plaza de Ingolstadt, justificaron la quema –según cuenta Kaspar Schoppe en su obra *Machiavellicorum pars posterior* (1619)– por tratarse de "hombre astuto y falso, gran forjador de pensamientos diabólicos, auxiliar del demonio" (*Homo vafer ac subdolus, diabolicarum cogitationum faber optimus, caecodae-monis auxiliator*).[1]

No sorprende, por lo tanto, que con el paso del tiempo, por ejemplo, en la Inglaterra isabelina y antipapista, su nombre –convertido, a ojos de las iglesias reformadas del norte, en el emblema de una política basada en el engaño como la acostumbrada en el mundo católico-latino (no obstante, la curiosa paradoja de tratrse de un autor que, en vida, denunció con insistencia las fechorías clericales y que, muerto, padeció durante casi dos siglos los rigores censores del Santo Oficio–, su nombre, decimos, haya sido deformado en formas maliciosamente alusivas al Príncipe de las Tinieblas, con el propósito de condenar tanto las malvadas prácticas políticas por él teoriza-

---

1. Cfr. D'Addio, M. (1962) *Il pensiero politico di Gaspare Scioppio e il machiavellismo del Seicento*. Milán. Giuffrè.

das y justificadas como el perenne afán de poder: *Much Evil, Macht a Villain, Hatch Evil, Mitchell Wylie, Matchewell,* son algunas de las distorsiones que la literatura del período, empezando por la teatral, propiciaron a su nombre para darle una resonancia cercana al diablo y al mal (*devil-evil*).

En los dramas isabelinos (desde Marlowe hasta Shakespeare, pasando por Webster o Jonson), es frecuente la referencia, incluso si es sólo vaga e indirecta pero siempre polémica y reconocible, a Maquiavelo en los personajes presentados como malvados, traidores, pícaros, intrigantes y, en definitiva, demoníacos. Recordemos también lo que Thomas Middleton –en su *Game at Chess* (1624)– pone en boca del Caballero Negro, es decir, el embajador de España, el famoso (y por entonces infame) Don Diego Sarmiento, Conde de Gondomar: "¡Largo al político maquiavélico más poderoso (*Machiavel-politician*) que el diablo haya engendrado jamás de un huevo de monja!". Falta la demostración filológica, pero la leyenda dice que incluso uno de los apodos con los cuales se nombra en inglés al diablo, *old Nick*, se refiere precisamente al "viejo Nicolás".[2]

Con estos antecedentes, no sorprenden los rasgos siniestros y justamente diabólicos con que el Secretario Florentino ha sido representado a lo largo de los siglos. De su retrato más célebre y en ciertos aspectos canónico, el atribuido a Santi di Tito y hoy visible en el Palacio Vecchio de Florencia (ver Figura 1), el escritor Guido Ceronetti ha escrito que, debido a sus rasgos inquietantes, no representa el modelo original (que el artista, nacido después de la muerte del Secretario, no podría haber conocido), sino que expresa "una idea muy precisa de lo demoníaco maquiavélico", la idea perfecta de lo que se puede considerar "un verdadero demonio del tiempo futuro".[3] La sonrisa sardónica y atravesada por una leve mueca, la calvicie acentuada por una amplia frente, los ojos inquisitivos y escrutadores, la boca pequeña, la expresión zorruna. No se trata de Maquiavelo, del hombre de carne y hueso, sino de una estilización iconográfica del maquiavelismo polí-

2. Cfr. Praz, M. (1962: 97-151) *Machiavelli in Inghilterra e altri saggi sui rapporti letterari anglo-italiani.* Florencia. Sansoni.
3. Ceronetti, G. (1990: 148) *Il silenzio del corpo. Materiali per studio di medicina.* Milán. Adelphi.

tico en su sentido peor pero también más convencional: violencia, ansias de poder, doblez, amoralidad, cinismo.

Lo mismo cabe decir de su primera imagen conocida: una xilografía publicada en Venecia en 1540-41 por el editor Comin da Trino, abriendo cada uno de los cuatro volúmenes que recopilan sus escritos disponibles en esa época (ver Figura 9). También presenta un semblante algo siniestro y poco tranquilizador: cabello escaso y erizado, mirada fruncida, nariz aguileña, boca cerrada, la frente amplia de un hombre tan inteligente como astuto, ingenioso y carente de cortapisas morales. Tampoco en este caso se trata del Maquiavelo real (de hecho, sabemos con certeza que esta imagen es falsa y artificial),[4] sino del imaginario que lo ve como campeón de la perfidia, maléfica personalidad, consejero de tiranos.

Diabólicos sus pensamientos, diabólico su aspecto, tanto que en algunas representaciones de nuestra época, entre el cómic y lo pop, el satanismo del autor de *El Príncipe* –fruto de una interpretación ciertamente tosca y reduccionista de su pensamiento, pero muy arraigada en la cultura popular y en el imaginario colectivo–, resulta explícito, con cuernos en la cabeza, tez aceitunada, mirada sulfúrea, pómulos acentuados y orejas puntiagudas. Es más, Maquiavelo –como en los ejemplos del anexo iconográfico (ver Figuras 34-40)– no es sólo un personaje representado como luciferino y tenebroso: es el propio Satanás, es decir, su encarnación o manifestación sobre la tierra: un hijo, descendiente o agente de confianza del mismísimo diablo.

Maquiavelo y el más allá

El problema es que villano, licencioso, irreverente, ateo y a veces blasfemo, en un sentido amplio, diabólico y maléfico, Maquiavelo lo fue realmente mientras estuvo vivo, aunque a menudo con un espíritu entre lo joco-

---

4. Cfr. Campi, A. (2019) "A (false) portrait of Machiavelli and the origins of iconographic anti-Machiavellianism: genesis, fortunes, and propagation of 'La Testina'", en *History of European Ideas*, Vol. 45, n. 4, pp. 509-535. Véase la traducción al español en este volumen.

so y lo provocador. Con la sombra de Lucifer y las evocaciones demoníacas en sus pensamientos y escritos ha jugados varias veces, alimentando malentendidos e incomprensiones que resultarán fatales para su reputación posterior. El filósofo político Sebastian de Grazia, autor del elocuente (ya desde el título) *Maquiavelo al infierno*, ha señalado la frecuencia en que –en línea, por otra parte, con una tradición literaria que se remonta a la Antigüedad clásica, pero que él enfatizó y en parte distorsionó– discutió y citó el más allá "en cartas, discursos, comedias, cuentos, versos y canciones", llegando a proponer para beneficio de sus lectores (en realidad, muy pocos aunque calificados, mientras vivió) "una nueva imagen de los diablos y del infierno en la literatura de entretenimiento"; una imagen benévola, alegre y en ciertos aspectos incluso reconfortante, lejos de la dramatización –hecha de penas dolorosas y eternas condenas– de los teólogos y la Iglesia, y resumible para él en la fórmula: "en el cielo por el clima, en el infierno por la compañía" (una fórmula que retoma un dicho popular aún hoy vigente).[5]

Basten unas citas: como la del epitafio satírico, duro e incluso despiadado, que él escribió como comentario –probablemente no inmediato– al fallecimiento, el 13 de junio de 1522, de Pier Soderini, de quien había sido un colaborador muy estrecho durante más de una década en tiempos de la Florencia republicana: "La noche que murió Pier Soderini, / El alma se fue del infierno a la boca; / Gritó Plutón: – ¿Qué infierno? alma tonta, / Ve al limbo entre los demás niños". El arranque es una parodia de Petrarca. El *alma tonta* del tercer verso es una referencia a Dante (*Infierno*, XXXI 70-71). De este breve chiste se desprende que la culpa eterna destinada a pesar sobre el *gonfaloniere* Soderini nace de haber sido políticamente demasiado suave y prudente, un indeciso, un expectante, tanto que Plutón en persona le impide la entrada al Infierno –lugar evidentemente reservado para los hombres grandes, aquellos que demostraron estar a la altura del poder con el que fueron investidos, todo lo contrario de un lugar de condenación– y lo devuelve al lugar donde descansan las almas inocentes y aquellos que no han cometido pecados (pero sólo, así se da a entender, porque no tuvieron tiempo o fuerza para cometerlos).

5. De Grazia, S. (1990: 389) *Machiavelli all'inferno*. Roma. Laterza.

Entre los cantos carnavalescos maquiavelianos, uno de los más célebres es el titulado *De' diavoli iscacciati di cielo*, sobre el cual se ha discutido largamente la posible fecha de composición: ¿en el período juvenil, cuando aún estaba fresca la memoria de la tradición festiva de la Florencia laurenciana (la hipótesis hoy más respaldada por los estudiosos) o en los años inmediatamente posteriores al traumático fin del régimen republicano (la hipótesis más respaldada en el pasado)? Así arranca la canción: "Ya fuimos, más ya no somos, Espíritus beatos; / por nuestra soberbia / todos fuimos expulsados del cielo; / y en esta ciudad suya / hemos tomado el gobierno, / porque aquí se demuestra / confusión, dolor antes que infierno". Llegados a la tierra –es decir, a la Florencia licenciosa en las costumbres y presa de interminables luchas internas en lo político– lo que los diablos descubren es que en el más allá que dejaron atrás había menos desorden y menos injusticias. A diferencia de lo que pensaba san Agustín, la *civitas* terrena no coincide en absoluto con la *civitas diaboli*: ambas están dominadas por la corrupción y el vicio, pero es la primera la que sirve de mal ejemplo a la segunda. La inversión teológico-política que subraya estos versos es clara: el caos infernal es en realidad de este mundo y los hombres, que son su causa, sólo pueden esperar gobernarlo.

Que Maquiavelo no tuviera un gran temor al infierno, es más, que lo considerase un destino digno para los espíritus virtuosos, lo demuestra también un famoso pasaje de *La Mandrágora*. Cuarto acto, escena primera. Calímaco, mientras espera a su cómplice Ligurio, reflexiona en soledad y se deja llevar por el desánimo, las dudas y los malos pensamientos: se pregunta si logrará satisfacer su pasión por Lucrecia; si no debería arrepentirse al final de los engaños y malas acciones que está perpetrando; si no terminará decepcionado después de haber satisfecho su deseo amoroso (siendo una antigua regla, recuerda Maquiavelo, que "poco bien se encuentra en las cosas que el hombre desea, en comparación con lo que el hombre ha contado cono encontrar ahí").[6] La sombría perspectiva que Calímaco vislumbra es tener que pagar un día por su obstinación, sus errores y sus comportamientos. El único consuelo es que, si todo sale mal y alguna vez termina

6. Maquiavelo, N. (2013: 107-108) *Teatro* (editado por D. Fachard). Roma. Carocci.

maldito, no sería en definitiva un castigo tan dramático: "Lo peor que te puede pasar es morir e ir al infierno; ¡han muerto tantos de otros! ¡Hay muchos hombres buenos en el infierno! No deberías avergonzarte de ir allí".[7] Palabras muy similares a las que Maquiavelo pone en boca de Castruccio Castracani en la *Vida*: "Consultado si, para salvar su alma, alguna vez pensó en hacerse fraile, responde que no, porque le parecía extraño que Lazero fuera al paraíso y Uguccione de la Faggiuola al infierno".[8]

Es decir, el infierno no será tan infernal si lo habitan, no sólo los grandes de la Antigüedad, sino también precisamente "hombres de bien": pecadores, ciertamente, pero como lo son todos aquellos que tienen pasiones y deseos que perseguir. Y el mismo Satanás, visto en persona, no resulta tan horrendo y repugnante, como se lee en los versos de otro canto carnavalesco (*Romiti*): "y luego quien ve al diablo de verdad / lo ve con menos cuernos y menos negro", pues, se entiende, presentarse con aspecto no aterrador, e incluso humano, no deja de ser una astucia literalmente diabólica.

Pero es en la *Fábula* –más conocida como *Belfagor archidiablo* o *Novela del diablo que se casó*– donde esta imagen renovada, popular, anti-dramática y, en última instancia, acomodaticia del infierno y sus habitantes se expresa mejor. La irreverente ida y vuelta maquiaveliana entre el cielo y la tierra, la cercanía entre hombres y diablos, acabando estos últimos como víctimas de los engaños de los primeros, alcanza su punto culminante en esta obra famosa que no deja de ser una reelaboración no demasiado original de un motivo ya muy extendido en la Edad Media. La historia del diablo obligado a casarse para experimentar cuanta infelicidad produce en los hombres el matrimonio, como así lamentaban "infinitas almas de miserables mortales que morían en la desgracia de Dios",[9] se desarrolla en una Florencia vagamente del siglo XIV, entregada al comercio, la usura, las ganancias, el lujo y, naturalmente, los vicios. Aquí llega Belfagor, enviado en misión a la tierra,

7. *ibid.* p. 108.
8. Maquiavelo, N. (1991: 134) *La vita di Castruccio Castracani e altri scritti* (editado por G. Inglese). Milán. Rizzoli.
9. Maquiavelo, N. (2012: 304) *Scritti in poesia e in prosa* (editado por A. Corsaro, P. Cosentino, E. Cutinelli-Rèndina, F. Grazzini, N. Marcelli). Roma. Salerno Editrice.

donde asume el nombre de Roderigo di Castiglia, por voluntad directa de
Plutón y sus jueces-consejeros. Un Plutón –como a menudo ha señalado la
crítica– descrito como sabio y ecuánime, casi "un príncipe liberal", un
"republicano perfecto", según una famosa definición de Luigi Russo, "que
antes de formular un juicio (...) convoca a consejo a los demonios de su
reino"[10] para discutir el caso y deliberar con ellos conforme a justicia.
Resulta aquí aún más marcada la inversión de roles, valores y lugares, con el
infierno descrito como un mundo ordenado y civilizado, con jerarquías
bien definidas, y la tierra dominada por la hipocresía, las intrigas, la ingra-
titud, el ansia de posesión y la deshonestidad de gobernantes y gobernados.

Belfagor, una vez llegado a la tierra y adoptados los rasgos humanos, des-
cubrirá finalmente que es un "pobre diablo", como se dice en la jerga popular acerca de los hombres que no han tenido suerte en la vida o que han
debido enfrentarse, con sus escasas fuerzas, a adversidades y dolores.
Primero, se ve atormentado y económicamente arruinado por la mujer que
ha tomado por esposa y de la cual, cosa que no era prevista, se ha enamo-
rado perdidamente: la considerable fortuna económica que le fue asignada
al abandonar el infierno es rápidamente dilapidada por la señora Honesta y
sus famélicos (y torpes) familiares. Presionado por los acreedores, no le
quedará más remedio que abandonar Florencia durante la noche, encon-
trando refugio en la casa de un astuto campesino, Gianmatteo del Brica, al
que, a cambio de su hospitalidad, promete fáciles riquezas como exorcista y
sanador de las mujeres que él mismo endiablaría. La historia, como es sabi-
do, termina con Belfagor archidiablo que, víctima de un estratagema del
campesino, acaba creyendo, durante el último exorcismo, que el insoportable estruendo producido por el sonido de "trompetas, cuernos, tambores,
gaitas, dulzainas, címbalos"[11] es el espíritu de su esposa que regresa a bus-
carlo, y sale huyendo hacia el infierno en pos de esa tranquilidad que sobre
la tierra –entre esposas entrometidas, comerciantes codiciosos, gobernantes
no confiables y prepotentes, ignorantes labradores, todas más astutos que el
diablo– no ha sido posible encontrar.

10. Russo, L. (1945: 193) *Machiavelli*. Roma. Tumminelli.
11. Maquiavelo (2012) *op. cit.* p. 315-316.

Existe un escrito dejado por Maquiavelo, una de sus cartas a Francesco Vettori, fechada el 19 de diciembre de 1513, donde el diablo sí aparece según la tradición religiosa: como un ser monstruoso y tentador, que lidera huestes de seres malvados y busca apoderarse de los cuerpos y almas de los seres vivos con el propósito de sembrar el caos en la tierra y ahuyentar todo sentimiento religioso. Esta carta enumera las calamidades, también políticas, que podrían abatirse sobre Florencia e Italia según las predicas que va dando por la ciudad, ante muchos seguidores, un ermitaño franciscano. La profecía, que inmediatamente evoca las predicaciones de Savonarola escuchadas por el joven Maquiavelo, es funesta: "habrá un papa injusto, creado contra un papa justo, y tendrá consigo falsos profetas, creará cardenales y dividirá la Iglesia; así, el rey de Francia deberá aniquilarse y uno de la casa de Raona (Aragona) deberá dominar Italia. Nuestra ciudad deberá irse en fuego y saqueo, las iglesias quedarán abandonadas y arruinadas, los sacerdotes dispersos, y tres años se vivirá sin oficio divino. Habrá muerte y gran hambruna; en la ciudad no quedarán diez hombres, en las villas no deberían quedar dos. Un diablo había estado 18 años en un cuerpo humano, y había dado misa. En verdad, dos millones de diablos estaban desatados para ser ministros de lo ya mencionado, y entraban en muchos cuerpos que morían, y no dejaban que esos cuerpos se descompusieran, para que los falsos profetas y religiosos pudieran hacer resucitar a los muertos y ser creídos".[12] Un mensaje apocalíptico que, tras tener conocimiento del mismo, produce sobre Maquiavelo como único efecto –como confiesa burlonamente a su correspondiente– el faltar a la cita amorosa con Riccia, la cortesana que frecuentaba en ese momento. No son, en efecto, palabras que haya escuchado directamente, ya que, como bien sabe Vettori, no suele asisitir a misas bajo techo ni a sermones al aire libre: "La predica yo no la escuché, porque no suelo practicar tales costumbres, pero la he escuchado recitar así por toda Florencia".[13] En cualquier caso, no es esta imagen, destructiva del orden humano y más apropiada acaso para los fanáticos religiosos y los estafado-

---

12. Maquiavelo, N. (2002: 203-204) *Lettere a Francesco Vettori e a Francesco Guicciardini* (editado por G. Inglese). Milán. Rizzoli.
13. *ibid*. p. 204.

res que se lucran con la credulidad popular y los miedos fáciles, que del diablo y del más allá infernal cultivó en vida Maquiavelo.

El diablo en el cuerpo

Lo que Maquiavelo no hizo, como contribución a su mala reputación con sus diabluras político-literarias, lo hicieron las generaciones posteriores con las leyendas sulfurosas construidas alrededor de su nombre apenas unos años después de su muerte, prematura, en 1527. Una muerte, probablemente debida, según su biógrafo más destacado, el marqués Maurizio Ridolfi, por una grave úlcera o una peritonitis provocada por una apendicitis, pero que sus detractores y difamadores quisieron atribuir, con el cuerpo aún (relativamente) caliente, a sus peligrosas tramas con los poderes del más allá.

Así ocurre con el conocido apunte biográfico que le dedica el historiador y humanista Paolo Giovio –que lo había conocido personalmente en Florencia y había apreciado sobre todo su producción teatral y satírico-literaria– en la primera edición de 1546 de los *Elogia veris clarorum virorum*. Unas pocas líneas bastarán para fundar una leyenda negra: "vivió en la pobreza, siempre irrisorio y ateo (*irrisor et atheos*). Murió como broma extrema burlándose de la vida, después de haber tomado un medicamento que supuestamente lo debía proteger de las enfermedades";[14] dándose a entender que Maquiavelo habría puesto voluntariamente en escena un trágico y macabro juego con la muerte, casi una especie de suicidio lúdico, confirmándose con ello como un canalla, un burlón hasta el final, alguien que desprecia a Dios: un demonio que logró morir casi riéndose de su propia muerte.

Precisamente en Paolo Giovio podría haberse inspirado Giovan Battista Busini para su relato sobre la muerte de Maquiavelo, recogido en una carta dirigida a Benedetto Varchi el 23 de enero de 1549: uno y otro maestros del

14. Giovio, P. (2006: 259) *Elogio degli uomini illustri* (editado por F. Minonzio). Turín. Einaudi.

chisme y ambos difamadores (por envidia y resentimiento personal más que por razones políticas) del Secretario. Se lee, siguiendo la línea marcada por el historiador oriundo de Como, que Maquiavelo "murió muy enfermo pero contento, burlándose".[15] La narración abarca de hecho sus últimas semanas de vida: profundamente marcadas por la pena de haber sido apartado de su cargo de secretario de la Cancillería en la Florencia nuevamente huérfana de los Medici, por un personaje bastante modesto llamado Francesco Tarugi. Y parece diseñada de tal manera que transforma la crónica de una muerte en interpretación y juicio de toda una vida (sus cualidades como persona, su actividad política, su producción literaria). Busini recuerda, en primer lugar, las razones del sentimiento negativo que se tenía hacia él en Florencia en casi todos los círculos políticos importantes: "todos odiaban el *Príncipe*: a los ricos les parecía que ese *Príncipe* era un documento para enseñarle al duque cómo quitarles todas las cosas, y a los pobres toda la libertad. A los Piagnoni les parecía herético, a los buenos deshonesto, a los tristes más triste o más valiente que ellos; así que todos lo odiaban".[16] Y el comentario pasaba a la persona y a sus "vicios, ya que fue muy deshonesto en su vejez, pero además de otras cosas, goloso; así que usaba ciertas píldoras".[17] Y en sus últimos días y horas: "Enfermó como suele suceder, en parte por dolor, en parte por lo ordinario: el dolor era la ambición, al verse despojado del lugar [es decir, del cargo de secretario, por uno] bastante inferior a él [...]. Enfermo comenzó a tomar esas píldoras y a debilitarse y agravarse en el mal; por lo tanto, contó ese *tan celebrado sueño* a Filippo, a Francesco del Nero y a Iacopo Nardi, y a otros más, y así murió muy enfermo pero contento, burlándose".[18] Mientras en sus últimos momentos se lamentaba –él que había sido un gran amante de la libertad– de haberse dejado llevar por los juegos políticos, por lo demás fallidos, del Papa Clemente VII y de la familia de los Medici, Maquiavelo habría dado prueba extrema de su naturaleza

---

15. Busini, G. B. (1861: 85) *Lettere di Giambattista Busini a Benedetto Varchi sopra l'assedio di Firenze* (editado por G. Milanesi). Florencia. Le Monnier.
16. *ibid.* p. 84.
17. *ibid.*
18. *ibid.* pp. 84-85. Cursiva nuestra.

irreverente y maligna, llegando incluso a quitarse la vida como si fuera un juego.

Una actitud blasfema e irreverente hacia la religión confirmada, antes incluso de su último aliento, por "ese tan celebrado sueño" que, en realidad, Varchi no narra en su carta, dándolo casi por sentado o considerándolo bien conocido por el destinatario y los posibles lectores. Se trata de un episodio que nunca ha encontrado respaldo biográfico-documental, mucho menos textual, a pesar de la difusión que ha tenido y de la contribución que ha tenido en la fama de un Maquiavelo infernal e impío. Podría haber sido un relato hecho efectivamente por este último, amante de la fabulación y hábil narrador, dirigido a su círculo, pero sería poco probable que se remontara a los días de su enfermedad. Es más verosímil que se trate de una leyenda *post-mortem*, difundida oralmente y basada en rumores y chismes sobre los últimos momentos de su vida terrenal, y enriquecida con el paso del tiempo con detalles no siempre concordantes entre sí; una leyenda que luego cayó en una suerte de olvido hasta que, como veremos, fue retomada fuera de Italia por autores, ya sean protestantes o católicos, pero todos ferozmente anti-maquiavelianos y, por tanto, interesados en dar por verdadera o plausible esta escandalosa aventura onírica que Roberto Ridolfi, en su clásica biografía maquiaveliana, presentó con estas palabras:

El enfermo yacía postrado por los dolores del alma y los que le desgarraban las entrañas [...]. A veces, el pensamiento de la muerte le parecía insoportable, a veces le ofrecía refugio y descanso. Pero, en tanta enfermedad e infelicidad, él seguía siendo el "Maquia". Quiso demostrarlo a sus amigos y burlarse con ellos de la malicia del destino, rebelarse contra tanto tormento, quizás contra la conmoción que lo embargaba. Entonces, vencida la angustia, empezó a bromear y a burlarse, como emulando, con intrépido desprecio en su lecho de muerte, a Giovanni de' Medici, su último héroe.

Narraba como en los buenos días, agradablemente, acerca de un cierto sueño; pero todo era fantasía suya. Contaba que había visto una escasa multitud de pobres, andrajosos, demacrados y perdidos; al preguntar quiénes eran, le respondieron que eran los bienaventurados del Paraíso, de los cuales se lee en la Escritura: *Beati pauperes quoniam ipsorum est regnum caelo-rum*. Después de que estos desaparecieran, le apareció una multitud de personajes de noble aspecto, vestidos como realeza y cortesanos, que discutían seriamente sobre asuntos de Estado; entre ellos reconoció a Platón, Plutarco, Tácito y otros famosos hombres de la antigüedad. Al preguntar quiénes eran los recién llegados, le dijeron que eran los condenados del Infierno; porque está escrito: Sapientia huius saeculi inimica est Dei. Después de que también estos desaparecieran, se le preguntó con quiénes preferiría estar. Respondió que preferiría irse al Infierno con los nobles espíritus a discutir sobre asuntos de Estado en lugar de estar en el Paraíso con aquellos demacrados de antes. Fue la última historia del gran y casi totalmente inédito narrador.[19]

Ridolfi, defensor incansable en todas sus obras de la tesis de un Maquiavelo buen cristiano, tanto en vida como en muerte, parece creer que se trata de una invención literaria del propio Maquiavelo: se trataría de una broma a los amigos que lo asistían, nada sacrílega ni ofensiva para la religión, antes de su muerte, que de todas maneras ocurrió con consuelos religiosos. Pero falta la prueba documental, falta algún testimonio o memoria del relato que, precisamente, los amigos reunidos en su casa (probablemente algunos de los mencionados por Busini y que solían visitarlo) podrían haber dejado a las generaciones futuras.

Sobre los orígenes y la difusión de este relato se ha escrito obviamente mucho para valorar en qué medida puede atribuirse a Maquiavelo (¿no había criticado en los *Discursos* II, 2 la exaltación cristiana de los hombres "humildes y contemplativos" y mostrado aprecio por la forma en que la religión antiguo-pagana rendía homenaje a los "hombres llenos de gloria mundana, como eran capitanes de ejércitos y príncipes de repúblicas"?),[20] o a su círculo, o a sus detractores y para sopesar cuál podría haber sido su origen y por qué caminos, de un siglo a otro, se difundió.

Hasta la fecha, su primera versión documentada y certificada, aunque

---

19. Ridolfi, R. (1978: 390-392) *Vita di Niccolò Machiavelli*. Florencia. Sansoni.
20. Maquiavello, N. (2001: 318) *Discorsi sopra la prima deca di Tito Livio* (editado por F. Bausi). Roma. Salerno Editrice.

desconocida y pasada por alto por muchos de los autores que han tratado el tema a lo largo de los años, es la que se encuentra en una carta-relato escrita por Anton Francesco Doni, con fecha del 15 de febrero de 1544, dirigida al editor veneciano Gabriele Giolito y publicada en una colección de cartas ese mismo año (es decir, cinco años antes de la referencia de Busini al "tan celebrado sueño").[21] El protagonista de la historia es un "galante caballero" gravemente enfermo, señalado por el autor sin el nombre completo pero de manera inequívoca: *M[esser]. Niccolò*. Una identificación creíble a tenor de la admiración pública que el excéntrico y ecléctico Doni sentía por Maquiavelo, documentada además en años en los que el nombre de este último resultaba impronunciable para muchos, y bien evidenciada en sus obras mediante citas directas, referencias bibliográficas a sus diversos escritos, apropiaciones textuales y referencias más o menos explícitas a su pensamiento.

Habiéndose dormido antes de la llegada del confesor, el enfermo Nicolás sueña con su propia muerte y presencia la disputa sobre su alma entre un ángel y un diablo; el primero quiere llevarlo ante la "majestad de Dios"; el segundo, hablándole "con gracia, con doctrina y sin ofender[lo] de espanto",[22] trata de convencerlo para que lo siga al infierno. Después de ver a los dos más allá de la tumba, *Messer* Nicolás no tiene dudas sobre dónde pasar la eternidad:

Y mirando por todas partes, no veía más que frailes, sacerdotes, monjas, pobres, mártires, mujeres de toda clase, con atuendos muy extraños y variados. Y preguntándole al ángel: "¿Dónde están tantos filósofos, tantos emperadores? ¿Dónde se encuentran tantos capitanes, tantas mujeres maravillosas, tantos excelentes poetas, pintores, músicos, escultores y otras personas maravillosas?". "En el infierno" [...]. "Déjenme ir entonces, que quiero ir con estos valientes hombres, porque no quiero estar en el Paraíso sin estos hombres de bien".[23]

Narrado con profusión (si no inventado) por Doni, luego evocado por

---

21. (1544: XCVII-XCIX) *Lettere d'Antonfrancesco Doni*. Venecia. Girolamo Scotto.
22. *Ibid.* p. XCVIII.

Busini y finalmente recordado por Varchi en su *Storia fiorentina* (donde se menciona nuevamente, pero sin detalles, un "falso sueño"[24] contado antes de morir por Maquiavelo a Filippo Strozzi, a Francesco del Nero y Jacopo Nardi), el recuerdo de esta visión se perderá, sólo para resurgir fuera de Italia –quizás difundido oralmente por los exiliados florentinos– en versiones que, aunque divergentes entre sí, contribuyeron todas a la idea de un Maquiavelo amante del infierno y de sus moradores, ya que a sus ojos representaría una especie de lugar selecto, un panteón ideal destinado a albergar a los grandes de la historia.[25]

La visión reaparece así por primera vez en un texto del orientalista alemán Hieronymus Wolf, en un comentario erudito a algunos pasajes de las *Tuscolanae* de Cicerón, en los que se habla precisamente de la preferencia blasfema por el inframundo expresada por algunos (no bien identificados) seguidores de Maquiavelo, definidos despectivamente *belli et faceti homunculi*. De Wolf podría haberla sacado el hugonote franco-alemán François Hotman que la menciona de manera polémica en una carta escrita en Basilea en 1580 dirigida a evitar la impresión (prevista por el editor Pietro Perna) de una colección de escritos históricos y políticos del Secretario. Será luego el jesuita francés Étienne Binet: en su *Du salut d'Origène*, publicado en París en 1629, la impiedad de Maquiavelo se ve confirmada por su elección postrera, que no es sólo una elección entre el paraíso y el infierno, sino entre la bienaventuranza de los humildes, que conduce a la salvación, y la soberbia de los sabios, que lleva a la condena. Este último autor es una de

23. *Ibid.* p. XCVIII-XCIX.
24. Varchi, B. (1721: 84) *Storia fiorentina.* Colonia. Pietro Martello. Redactada en el arco de cerca veinte años, quedó inédita a causa de su contenido excesivamente explícito y polémico, la obra se publicó por primera vez en 1721, donde la narración de la muerte de Maquiavelo -tomada casi literal de la anécdota de Busini- se encuentra un poco resumida, sin mención alguna al sueño o a las píldoras que habrían sido la verdadera causa del deceso: "poco después se enfermó y murió". La versión de la anécdota aparece en la reimpresión de la *Storia* varchiana editada en 1838-1841 por Lelio Harbib.
25. Sobre la difusión europea del "célebre sueño", cfr. la atenta reconstrucción de: Terracciano, P. (2016) "La politica all'inferno: rileggendo il sogno di Machiavelli", en *Rinascimento*, vol. LVI, pp. 23-51.

las fuentes que inspira a Pierre Bayle, que dedicará a Maquiavelo una amplia entrada –quizás la primera en la historia de la literatura maquiaveliana realizada con criterios científicos e histórico-críticos– en su *Dictionnaire historique et critique* de 1740: el sueño *ante mortem* se cita, sin atribuirle un valor negativo particular, entre los muchos "contes touchant son irreligion". Cuatro años después, en 1744, Johann Jakob Brucker lo mencionará en su *Historia critica philosophiae*. Por último, llegamos al relato de la visión ofrecida por Denis Diderot en su famosa entrada "Machiavélisme" de la *Encyclopédie*, que, si bien por un lado consagra la interpretación republicana de Maquiavelo que tendrá tanto éxito a lo largo del siglo XVIII, por el otro certifica –retomando en sentido inverso lo que durante dos siglos sostuvieron las diversas corrientes del antimaquiavelismo– la matriz libertina, anti-cristiana, impía y "diabólica" de su pensamiento y su vida: "Ses derniers discours [...] furent de la dernière impiété. Il disoit qu'il aimoit mieux être dans l'enfer avec Socrate, Alcibiade, César, Pompée, et les autres grands hommes de l'antiquité, que dans le ciel avec le fondateur du christianisme".[26]

El poder demoníaco

El elogio ilustrado a Maquiavelo –culminado precisamente en la entrada de la *Encyclopédie*– parece cerrar de manera paradójica el círculo de la recepción maquiaveliana en los dos siglos y medio siguientes a su muerte: lo que eran acusaciones infamantes, es decir, el haber separado la política de cualquier referencia moral trascendente, se convierten en un título de mérito. Al autor de *El Príncipe* se le reconoce haber liberado el ejercicio de la autoridad política de los vínculos de la tradición religiosa y haber colocado al hombre en el centro de la vida histórica, con sus debilidades y vicios, exaltando así su libertad y su capacidad para forjar su propio destino. En cuanto a sus divagaciones irreverentes sobre el más allá –incluida la mirada

---

26. (1765: 793) "Machiavelisme", en *Encyclopédie, ou dictionnaire raisonné des sciences, des arts et des métiers*, IX, París.

benevolente que lanzó sobre el mundo de los Infiernos y sobre el diablo en persona en algunos de sus escritos– deberían entenderse no como teológicamente blasfemas, sino como una forma de materialismo histórico *ante litteram* o de naturalismo antropológico: no existe el diablo que nos impulsa a hacer el mal, existen hombres que a veces se ven obligados al mal por necesidad o que cometen el mal porque los impulsa su naturaleza maligna. Lo mismo puede decirse del bien: se busca por conveniencia, individual y colectiva, o por inclinación personal. En resumen, Maquiavelo no fue un exaltador del demonio, aunque se divirtiera haciéndolo creer, sino el inventor del *Yo* moderno, un defensor de la subjetividad humana, razón que lo hace aun hoy extraordinariamente actual, a pesar de los estereotipos denigrantes que le han sido atribuidos y que, cuando persisten, sólo no son más que folclore literario o indicadores de ignorancia.

Pero las cosas no son tan sencillas. El carácter diabólico de lo maquiaveliano no es algo que se pueda dejar fácilmente atrás, como un malentendido finalmente resuelto o una burda interpretación forzada. Queriendo incluso nosotros cerrar un círculo ideal, debemos, de hecho, volver al primer autor mencionado en estas páginas: Reginald Pole. Además de su cáustica definición de *El Príncipe* como un texto "Satanae digito scriptum", en la *Apología* estableció una conexión simbólica –destinada a tener un gran éxito en la tradición del pensamiento político-filosófico europeo de la modernidad (una modernidad en su caso anti-moderna)– entre el nuevo Príncipe maquiaveliano y el demonio y, más en general, una relación intrínseca entre la política y el mal, entre el poder y la usurpación, que es la verdadera razón por la cual aún hoy Maquiavelo puede ser considerado *creíblemente* un autor siniestro, peligroso y, por tanto, diabólico. El autor de *El Príncipe* reveló, no con la idea quizás de denunciarlo, sino legitimándola como condición natural e insuperable en el ámbito histórico, el carácter intrínsecamente demoníaco de la lucha política, del dominio y del poder. Donde lo demoníaco –como escribió Gerhard Ritter en su clásico trabajo de 1948 *Die Dämonie der Macht*– "no es la pura y simple negación del bien, no es la esfera de la total oscuridad que se contrapone a la plena luz, sino la de la media luz crepuscular, la ambigüedad, lo incierto, lo más profundamente siniestro", y es también la conciencia (típicamente maquiaveliana, podríamos decir) de que "una construcción política casi nunca es posible sin grandes destrucciones de valores humano-morales".[27] Del político-prudente de la tradición clásico-aristotélica se habría llegado con Maquiavelo –que hizo de la demonología la raíz de la política, como le reprochó Dolf Sternberger–[28] se habría llegado a la exaltación de la figura del político-cínico, interesado antes que en el bienestar de la comunidad en el ejercicio de un dominio absoluto e ilimitado.

En este sentido, el siglo XX totalitario –como sostuvieron entonces críticos católicos y liberales de Maquiavelo, desde Jacques Maritain hasta Raymond Aron, además de los ya mencionados Ritter y Sternberger– fue el "siglo maquiaveliano" por excelencia. O, mejor dicho, la culminación de una visión de la política que él teorizó por primera vez y que por ser plenamente de índole mundana y laico-secular no fue capaz de oponerse a la profusión *destructiva* de una violencia de masas que ella misma, en su pretensión de plenitud y de autonomía de toda moral, contribuyó a producir y justificar, sin lograr controlar sus consecuencias más extremas. Si Dios no existe, todo resulta posible: incluso que el diablo –a través de algún astuto y subrepticio emisario– convenza a los hombres de su inexistencia o de ser un personaje simpáticamente inofensivo.

---

27. Ritter, G. (1958: 13) *Il volto demoniaco del potere* (1948). Bolonia. Il Mulino. La primera edición de esta obra, alusivamente anti-nazi desde una perspectiva humanista-conservadora, apareció en 1940 bajo el título *Machtstaat und Utopia. Vom Streit um die Dämonie der Macht seit Machiavelli und Morus.*
28. Sternberger, D. (2001: 119-202) *Le tre radici della politica* (1978). Bolonia. Il Mulino.

Jacob Burckhardt
Sobre las crisis en la historia

Alessandro Campi
Nación: historia de una idea y de un mito político

Ulrich Horstmann
El monstruo; perfiles de una filosofía antropófuga

Raoul Frary
Manual del demagogo

Séneca
De la ira

Jean-Paul Richter
Elogio de la estupidez

Condorcet
¿Es conveniente engañar al pueblo?

Jonathan Swift
El arte de la mentira política

Frederick C. Beiser
Weltschmerz: el pesimismo en la filosofía alemana, 1860-1900

Juan de Mariana
De la tiranía

Miguel de Unamuno
La crisis del patriotismo

Manuel García Morente
Idea de la Hispanidad

Ernest Renan
¿Qué es una nación?

www.sequitur.es